四川大学人工智能深度赋能一流本科探索与实践

主　编 / 党跃武
副主编 / 胡　琳　胡廉洁　蒋明霞　龚小刚

四川科学技术出版社

图书在版编目（CIP）数据

四川大学人工智能深度赋能一流本科探索与实践 / 党跃武主编 . -- 成都 : 四川科学技术出版社 , 2025. 8.
ISBN 978-7-5727-1937-0

Ⅰ . G642.0-39

中国国家版本馆 CIP 数据核字第 20252SA051 号

四川大学人工智能深度赋能一流本科探索与实践
SICHUAN DAXUE RENGONG ZHINENG SHENDU FUNENG YILIU BENKE TANSUO YU SHIJIAN

主　　编　党跃武
副 主 编　胡　琳　胡廉洁　蒋明霞　龚小刚

出 品 人　程佳月
责任编辑　朱　光
助理编辑　王睿麟　张　晨
选题策划　鄢孟君
封面设计　四川看熊猫杂志有限公司
责任出版　欧晓春
出版发行　四川科学技术出版社
成都市锦江区三色路 238 号　邮政编码 610023
官方微信公众号　sckjcbs
传真　028-86361756
成品尺寸　170 mm×240 mm
印　　张　15
字　　数　300 千
制　　作　四川看熊猫杂志有限公司
印　　刷　成都市锦慧彩印有限公司
版　　次　2025 年 8 月第 1 版
印　　次　2025 年 8 月第 1 次印刷
定　　价　88.00 元
书　　号　ISBN 978-7-5727-1937-0
邮　购：成都市锦江区三色路 238 号新华之星 A 座 25 楼　邮政编码：610023
电　话：028-86361770

目录

第一部分

四川大学人工智能深度赋能一流本科发展纪实

四川大学人工智能深度赋能一流本科发展纪实

党跃武　胡廉洁　龚小刚　杨晓敏
谭杰丹　张盛强　黎　生　胡　琳

一、前言

（一）发展背景

从国外人工智能工具横空出世，到国产人工智能工具在全球引起广泛关注，作为引领新一轮科技革命和产业变革的战略性技术，人工智能正深刻改变人类的生产生活方式。习近平总书记在中共中央政治局第二十次集体学习时强调，坚持自立自强，突出应用导向，推动人工智能健康有序发展。在中共中央政治局第五次集体学习时强调，教育数字化是我国开辟教育发展新赛道和塑造教育发展新优势的重要突破口。在致国际人工智能与教育大会的贺信中强调，中国高度重视人工智能对教育的深刻影响，积极推动人工智能和教育深度融合，促进教育变革创新，充分发挥人工智能优势，加快发展伴随每个人一生的教育、平等面向每个人的教育、适合每个人的教育、更加开放灵活的教育。习近平总书记关于人工智能和教育数字化发展的系列重要论述、讲话、指示和批示精神，为高校基于人工智能的教育教学改革提供了根本遵循。教育部部长怀进鹏在国家教育数字化战略行动 2025 年部署会指出，要深刻领会习近平总书记的重要讲话精神，科学把握人工智能在教育强国建设中的定位、方向、方法，积极推动人工智能赋能教育强国建设。为有效应对新一轮科技革命和产业变革、加快建设教育强国提供有力支撑。教育部等九部门印发《关于加快推进教育数字化的意见》提出，要推动课程、教材、教学数字化变革。完善知识图谱，构建能力图谱，深化教育大模型应用，推动课程体系、教材体系、教学体系智能化升级，将人工智能技术融入教育教学全要素全过程，推动科技教育和人文教育相融合。

（二）发展概况

四川大学以“海纳百川，有容乃大”为校训，始终勇立时代潮头，一直把教育数字化转型作为一流本科建设的重要方面。2001 年，四川大学开始尝试智慧教学环境建设，主要是建设一批多媒体教室和教学直播系统，推进电子教案进课堂教学。2018 年，四川大学以智慧教室全覆盖为支撑的“以课堂教学改革为突破口的一流本科教育川大实践”项目，获国家教学成果特等奖。2019 年，四川大学建设“信息与交叉”模块通识教育核心课程，探索学生数据思维、信息素养、“人工智能 +”等学科能力的培养路径。2022 年，四川大学开始推出全校智慧教育先进示范单位创建活动，初步建成以“大川学堂”为主干的“1+N+X”的数字化智慧教育平台。2023 年，四川大学成立由校长领衔、主管副校长和副书记负责，学校教务处、财务处、发展规划处、实验室与设备管理处、学生工作部（处）、信息化管理办公室和图书馆等共同组成的建设工作领导小组，全面规划和推进高水平未来学习中心的建设工作。

从 2024 年起，学校正式推出“AI 行动三部曲”：以人工智能素养教育为引擎，推出以 AI 赋能为特征的人工智能素养教育嵌入本科教育教学行动；以“人工智能 + 高等教育”应用场景建设为重点，建设以创新使能为特征的“4 个 100”系列改革项目；以未来学习中心建设为基座，全面实施以改革善能为特征的人工智能深度赋能一流本科建设行动计划和本科教育教学人工智能工具应用规范。学校掀起“AI+”赋能一流本科的新热潮，努力实现从契合教育改革需要，到嵌入教育发展生态，再到融入教育教学创新的新转变。

二、发展路径

（一）重构改革创新路径，破解人工智能赋能一流本科新难题

当下，教育教学与互联网、人工智能、大数据等技术的深度融合已成为高等教育的发展趋势。理解数字中国和数字教育战略、教育数字化和“人工智能 +”行动，强化人工智能赋能新质人才培养，已成为一流本科教育教学高质量发展的重中之重。

四川大学以习近平新时代中国特色社会主义思想为指导，认真学习党的二十届三中全会和全国教育大会精神，深入落实“教育强国建设三年行动计划”，牢牢把握教育的政治属性、人民属性、战略属性，准确把握高等教育高质量发展的新定位、新部署、新要求，切实落实“价值塑造—能力培养—知识传授”三位一体的人才

培养理念，坚持“学生为根，育人为本”的教育教学理念，坚持“质量为魂，责任为重”的质量文化理念，以高质量的智慧金专、智慧金课、智慧金师、智慧金教材和智慧金项目为抓手，推进融合式教育改革，以未来学习中心试点建设为主要载体，打造覆盖教育教学全要素、人才培养全领域、学生成长全过程的全场景式“人工智能+智慧教育基座”，努力构建线上线下结合的集学习支持、信息服务、资源共治于一体的智慧化学习空间、学习平台、学习社群和学习生态，全面推进人工智能深度赋能一流本科建设行动计划，为构建与世界一流大学相适应的一流人才培养体系提供更加有力的保障，为服务国家战略和经济社会发展提供更加强大的人才支撑（图 1–1）。

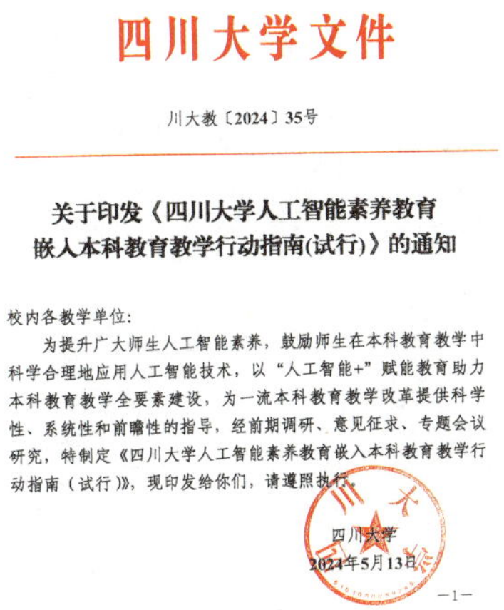

四川大学文件

川大教〔2024〕35号

关于印发《四川大学人工智能素养教育嵌入本科教育教学行动指南(试行)》的通知

校内各教学单位：

为提升广大师生人工智能素养，鼓励师生在本科教育教学中科学合理地应用人工智能技术，以“人工智能+”赋能教育助力本科教育教学全要素建设，为一流本科教育教学改革提供科学性、系统性和前瞻性的指导，经前期调研、意见征求、专题会议研究，特制定《四川大学人工智能素养教育嵌入本科教育教学行动指南（试行）》，现印发给你们，请遵照执行。

四川大学

2024年5月13日

—1—

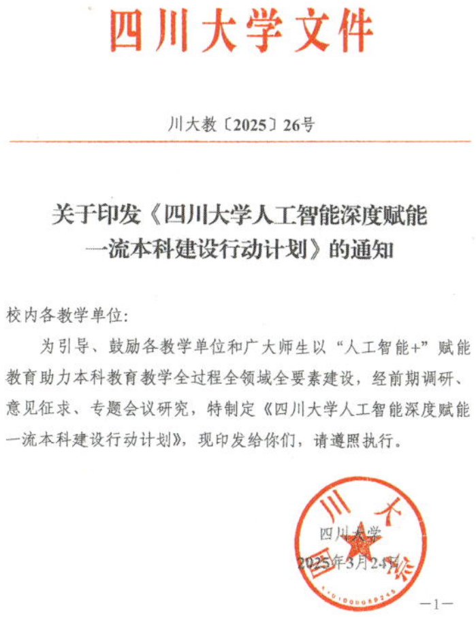

四川大学文件

川大教〔2025〕26号

关于印发《四川大学人工智能深度赋能一流本科建设行动计划》的通知

校内各教学单位：

为引导、鼓励各教学单位和广大师生以“人工智能+”赋能教育助力本科教育教学全过程全领域全要素建设，经前期调研、意见征求、专题会议研究，特制定《四川大学人工智能深度赋能一流本科建设行动计划》，现印发给你们，请遵照执行。

四川大学

2025年3月24日

—1—

四川大学文件

川大教〔2025〕5号　　签发人：游劲松

四川大学关于报送《四川大学未来学习中心试点建设方案》的函

四川省教育厅：

按照教育部高等教育司的要求，现将《四川大学未来学习中心试点建设方案》报送贵厅，并请贵厅报送教育部高等教育司。

专此致函。

四川大学

2025年1月13日

—1—

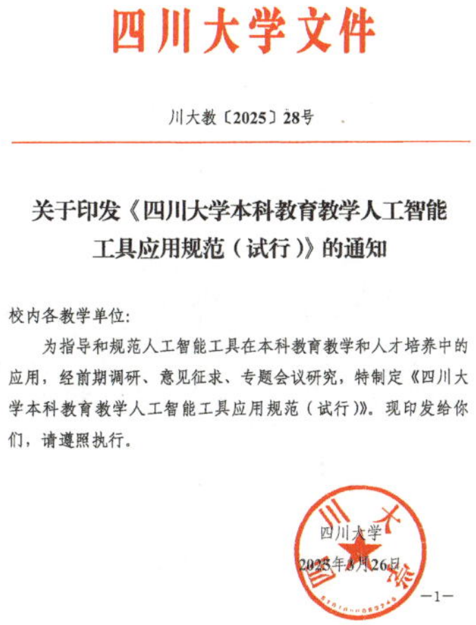

四川大学文件

川大教〔2025〕28号

关于印发《四川大学本科教育教学人工智能工具应用规范（试行）》的通知

校内各教学单位：

为指导和规范人工智能工具在本科教育教学和人才培养中的应用，经前期调研、意见征求、专题会议研究，特制定《四川大学本科教育教学人工智能工具应用规范（试行）》，现印发给你们，请遵照执行。

四川大学

2025年3月26日

—1—

图 1-1　四川大学人工智能教育系列文件

（二）瞄准国家战略急需，构建人工智能赋能专业建设新体系

在当前数字化、智能化的时代背景下，人工智能技术开发和应用能力已经成为各行各业的核心竞争力。早在2018年，教育部就发布《高等学校人工智能创新行动计划》，提出“重视人工智能与计算机、控制、数学、统计学、物理学、生物学、心理学、社会学、法学等学科专业教育的交叉融合，探索‘人工智能 +X’的人才培养模式”,“对照国家和区域产业需求布点人工智能相关专业”。

四川大学于2018年开设人工智能专业，是国家首批35所设立人工智能专业的高校之一。根据国务院印发的《急需学科专业引导发展清单》，学校依托学科门类齐全的优势，在建好93个国家一流专业建设点的同时，进一步推进实施“人工智能 + 金专建设计划”，以学科交叉、多学科融合为抓手，形成“人工智能 +X”的复合型培养新模式。一是打造数学与智能科技、口腔数字化技术、医学技术与智能制造、网络空间安全与法学、计算与金融、预防医学与软件工程等12个双学士学位项目。二是创立“机械设计制造机器自动化”“电气工程及其自动化”等8个“AI+”拔尖班，通过“大项目”“大平台”“大问题”深化产学研融合，建立起传统专业升级改造、新工科专

业探索实践的新范式。三是立项建设"医学人工智能""材料智能技术""智能机器人技术与应用""量子信息与技术"等35个微专业（图1–2）。学校不断从增设国家紧缺新专业、重构相关专业人才培养方案、扩大双学士学位和相关辅修专业、积极打造灵活可变微专业等方面，全面带动学校本科专业结构调整优化和整体转型升级。

图1–2　四川大学"医学人工智能"微专业开班仪式

（三）把握新质教育脉搏，树立全智慧化高阶课程建设新标杆

基于人工智能的智慧课程是新质人才培养的根本落脚点，是高校开展教育教学改革的突破口。四川大学坚

持“立足信息化、发展数字化、面向智能化”，以一批国家级一流课程为引领、以强大的教师团队为核心，以优质教学资源整合为重点、以课程平台建设为根本，持续建设面向教育数字化转型、基于人工智能技术的智慧金课系列。

学校不断推动数字技术应用于教育教学，打造253门特色鲜明的慕课，累计选课近千万人次，在促进优质资源推广共享、教育公平、全民终身学习等方面取得了显著成效，全面带动一流本科教育“新基建”数字化转轨。文科杰出教授霍巍主讲的“巴蜀文化”系列慕课，深入挖掘中国传统文化，并结合四川地方文化和学校红色文化，激发了广大学生的民族自豪感、文化自信心和爱国主义精神。王红教授讲授的“中国诗歌艺术”被认定为首批国家精品在线开放课程，由中国大学MOOC平台与公益项目“美丽中国”推荐，走进云南等地山区，被中央广播电视总台MOOC专题节目报道。张露露副教授讲授的“学术英语写作”课程参与了世界慕课与在线教育联盟发起的中国—印尼全球融合式课堂项目，并面向印尼等国家高校学生开放。在此基础上，学校前两批共获批国家级一流本科课程128门，居于全国高校第四位，其中线上、线上线下混合式、虚拟仿真实验教学课程共

70门（图1–3）。

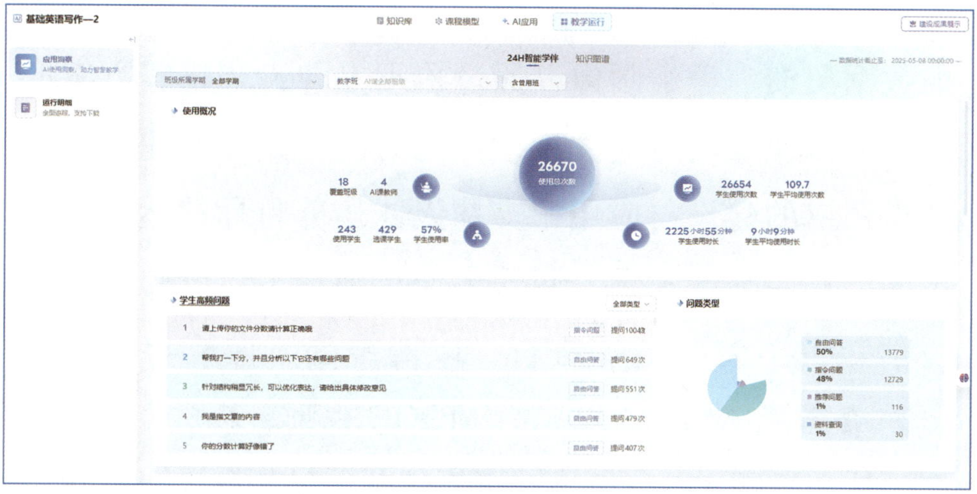

图1–3　AI课程运行情况示例

2024年，学校全面启动基于知识（能力、素质）图谱的AI课程建设，目前共立项建设257门课程，强调“素质—知识—能力”多维度呈现课程内容和教学方式，运用数字化、智能化手段组织多种类型的教学资源嵌入，为学生提供个性化学习路径、资源推荐，为教师提供精准数据反馈、学生画像，通过梳理专业人才培养方案、课程与知识点的对应关系，以能力图谱推动专业、课程知识图谱的建设与应用，支撑人才培养目标的达成。四川大学华西临床医学院谢铁主任技师牵头建设的“检验医学知识图谱”AI 课程群，以四维智慧课程与“大明白”AI 智能体结合，共整合 MOOC 视频、教材、教学案例等教学资源 475 项，搭建了系统化、结构化、可视化、智能化AI学习平台，以图形化的方式呈现了能力图谱（对应综合素质能力）、问题图谱（对应临床诊断能力）、知识图谱（对应理论知识能力），利用 AI 技术模拟真实的临床场景，提供沉浸式的学习体验。该 AI 课程群已面向西北民族大学、甘肃医学院、西南医科大学、川北医学院、成都医学院等多所西部高等院校开放共享，有效地促进了教育公平与教育质量的双重提升。

（四）试点未来学习中心，夯实新时代智慧型教育教学新基座

随着人工智能、数字化、大数据等技术的发展，学习空间正在由传统的教室、图书馆等物理空间，逐渐扩展

到由网络技术、虚拟现实技术、生成式人工智能技术、大数据技术支撑的虚拟学习空间、混合学习空间。师生应用信息技术开展教学活动，通过物理学习空间与虚拟学习空间的学习内容、信息的双向流动，推进从教学运行到教学研究、从课堂教学到实践教学的全要素教育再造，以实现优势互补。

为试点建设未来学习中心，四川大学在已完成现有十大类型、500 余间智慧教室改造的基础上，逐步开展现有智慧教学空间的迭代升级，在江安校区图书馆、科学与艺术汇聚中心等地，规划建设近万平方米的未来学习中心。目前，未来学习中心示范基地——AI 素养教育创新实验室、AI 赋能创新实验中心已建成并投入教育教学活动（图 1–4），该空间以学生学习和教学支持为中心，支持学生自主性学习、合作式学习和研究式学习，初步构建集“AI 认知—技术实践—创新应用”于一体的数智素养培育体系。

正式开放不到两个月时间，XR 创想空间举办专题系列活动 8 场，预约式体验 110 场次；GenAI 生成式工作坊举办 AI 素养教育讲座 6 场，预约式明远学术讲座 8 场；AI 素养空间举办 AI 体验日活动 2 场；举行各类专题活动、学术讲座及访问参观共计 21 次，参与人数超 1 000

图 1–4　师生在未来学习中心开展教育教学活动

人。“未来学习中心——AI 赋能创新实验中心”总面积约 200 m²，划分为 AI 教学区、模拟实训区、协作研讨区及数据中心，支持数据处理与沉浸式教学；升级校级虚拟仿真实验教学共享平台、实验教学综合管理平台，构建多学科交叉、多功能融合的实验环境，可支持多样化实验操作与教学场景，为拓展实验育人新维度提供创新载体。目前，该实验室已承接“现代制造基础训练”“人工智能素养”“实验室安全与环境保护理论与实践”和“安全风险理论与应急技能实践”等课程的实践教学任务，服务学生 1 200 余人。

学校努力打造绿色人本的数字藏阅空间、工具富集的数字学术空间、实用前沿的创新学习空间，构建集信息服务、学习支持、教学支持为一体的智慧学习空间，使以智慧教学环境 2.0 和智慧图书馆 3.0 为支撑、以智慧服务平台为基础的全贯通未来学习中心，融汇学习空间、学习平台、学习社群和主动支持第一课堂、第二课堂的全场景未来学习中心成为人工智能 + 新质人才培养的智能基座，成为学校新质人才培养的重要阵地。

（五）引领学习范式重塑，推进教育教学全要素全形态新转型

学校支持各学院（系）结合学科优势和专业特点，进一步整合跨学科和跨院系资源，推进基于 AI 的融合式教育和融合式学习，探索建设专业化、实践化未来学习中心。如历史文化学院充分发挥汇聚多学科资源的考古科学中心和国内规模最大的综合性博物馆的作用，加强考古学实验教学中心建设；华西临床医学院、华西口腔医

学院大规模升级改造实践教育教学环境，强化“人工智能+”典型应用场景建设，推进国家级实验教学示范中心和国家级虚拟仿真实验教学示范中心一体化建设，打造在校内外具有示范引领作用的未来学习中心华西临床医学分中心和华西口腔医学分中心。

为推进“教育强国建设三年行动计划”和学校“十五五”发展规划的制定与实施，四川大学以学生发展为中心，以学院（系）为主体，以师生同创、生生共学为重点，在系统整合智慧教育资源、提升师生人工智能素养、完善智慧教育新基建的基础上，全面启动AI深度赋能一流本科建设行动计划。目前学校正在积极开展第一阶段工作，即推动实现基础功能全面覆盖（2024—2025），所有专业、课程、课堂，根据教学需求选择专门的教学平台，实现课堂管理、学情分析、过程考核、AI助教四大基础功能。

此前，学校已先试先行开展“4个100”人工智能+改革项目建设，力争在3年左右，打造AI赋能的课程建设项目、服务于学科交叉的跨学科项目制课程建设项目、面向产教融合科教融汇的文理工医实践实验实习改革建设项目、基于数字资源建设的立体化数字教材建设项目各100项，以项目建设为突破口，将人工智能素养教育更有效地嵌入各学科专业、各课程类别、各教学场景。

一是构建“零基础—熟运用—能创新”通专融合的人工智能课程体系，与科大讯飞、百度等头部企业合建“人工智能素养（文）”“人工智能素养（理工医）”通识优选课程（图 1–5），开设“知者不惑：后真相时代的信息素养”等“信息与交叉”模块课程 37 门，让学生零基础学习无障碍；立项 AI 课程 257 门，教师在教学中全方位融入 AI，帮助学生提升运用 AI 解决学习、科创问题的能力；22 个学院开设“人工智能”“深度学习”等 142 门 AI 相关专业课程，畅通学生深层次研习的路径。

图 1–5　人工智能通识课程线上线下教学场景

二是立项“智能康复理疗机器人”等服务学科交叉的跨学科项目制课程建设项目共 91 项（图 1–6），引导学生主动建构知识体系，切实让不同学科的知识实现共融互补，培养学生多学科的知识和跨学科交叉的思维，提升学生解决综合问题、复杂问题的能力。

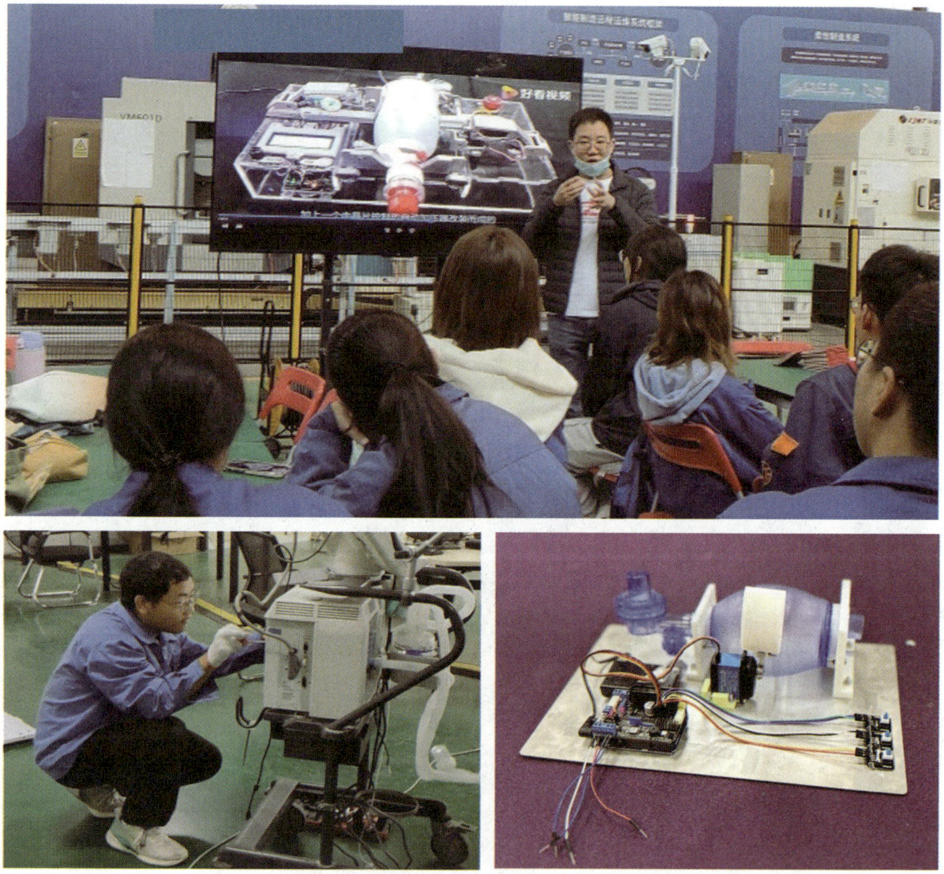

图 1–6　项目制课程开展情况

三是设立 AI 赋能实践实验实习研究专项 156 项；首

批发布“人工智能+新质战略育苗”学生专项科研训练课题45项；在科创竞赛中设置“AI+”类别,“Ai笑少年”（图1–7）等29个与AI相关项目获得中国国际大学生创新大赛国赛金奖；建设智慧虚拟仿真实验项目校级教学平台80余个，在教育部平台开放共享27个；依托华为“智能基座”、百度菁英班等项目，构建以项目设计、科研训练为核心的创新训练体系，与企业合作建设了理论学习平台、在线实验平台、自动评测平台三大人工智能系实训平台，致力于为国家和社会培养、输送更多人工智能领域高素质应用型、复合型、创新型人才，推动人工智能技术的发展和应用。

图1–7 “Ai笑少年”团队与带队教师

（六）强化教育服务协同，优化全场景化人工智能智慧新环境

四川大学未来学习中心秉持“大川 IDEAL”理念（IDEAL 为 5 个英文短语的首字母缩写，即探究式教学 inquiry–based teaching，创新性学习 dynamic learning，激励式管理 encouragement–based management，引领性研究 advanced research，闭环式督导 loop–closed supervision），以全场景人工智能+智慧基座为目标，打造 AI 助力“教、学、管、研、导”“1+*N*+*X*”服务平台，连接国家和四川省智慧教育平台，汇聚各类教学平台，提供 AI 助手、AI 就业官、AI 馆员、AI 绘画、机器阅读等 AI 智慧教学工具，建设统一的 AI 资源平台（图 1–8）并初步投入教学，教育教学资源统一发现系统已一键式接入智慧教室；“大川智问”等 AIGC 工具已提供服务；建设大思政资源库和多学科案例库，创建外语、数学等教学“示范包”；融合 MOOC、微课、案例、题库等资源，建设新形态教材；与头部企业合作，打造融资源、学习、科研、服务、创新于一体的集成式学习环境，包括数字人、AI 助教、智能客服等，建设发布“华西黉医”“口腔智联”等专业领域首个多模态大模型，研发教师教学发展 AI 智能体“大川小筑”和全国首个医学教师教学发展 AI 智能体“华西

小筑”，为师生提供“随时随地教与学”服务，目前访问量已过百万。学校打造“AI+ 高等教育典型应用场景校级 27 个、省级 2 个，大川大爱（SCUAI）智慧医学实践教学平台”入选教育部第二批“人工智能 + 高等教育”应用场景典型案例。

图 1-8　四川大学未来学习中心跨平台门户

（七）应对数智技术挑战，推动师生全员人工智能素养新提升

《教育强国建设三年行动计划》明确要求高校要提升师生数字素养和技能。为鼓励师生在本科教育教学中科学合理地应用人工智能技术，积极提升广大师生人工智能素养。2024 年，四川大学率先出台了《人工智能素养教育嵌入本科教育教学行动指南(试行)》。

面向学生，学校建设“数据思维：数字化生存的未来”“商业重塑：人工智能驱动下的产业变革”等通识核心课程；图书馆面向学生定制化开展人工智能素养教育“明远学术讲座——生成式 AI 系列”（表 1–1），每年千余名学生参与；在专业教育中，多门课程以嵌入的方式讲授人工智能主题，不断加大以强化人工智能思维意识、方法技能和伦理道德为关键的全学科信息素养教育改革力度。

表 1-1　2024—2025 学年“明远学术讲座——生成式 AI 系列”

学期	题目	时间	主讲教师
2024 年秋季	ChatGPT：AI 的文艺复兴	9 月 23 日（周一）19:30	胡　琳
	人工智能风云录与 OpenAI 权力的游戏	10 月 8 日（周二）19:30	胡　琳
	暗影中的智能：揭秘 ChatGPT 的局限性与咒语之术	10 月 14 日（周一）19:30	胡　琳
	AI 绘图解锁：创意无极限，你准备好了吗？	10 月 24 日（周四）16:00	王圣洁
	AI 幻境之旅：SORA 领航，探寻视频生成的奥秘	11 月 14 日（周四）16:00	王圣洁
	AI 搜索引擎：重塑你的信息搜索方式	11 月 17 日（周日）16:00	鞠　媛
	零基础打造你的个人 AI 助手	11 月 19 日（周二）19:30	闫钟峰
	智享未来：Notion AI 打造全能学习与工作伙伴	11 月 24 日（周日）16:00	周　琴
	AI 与法律：生成式 AI 的变革与交叉学科探索	11 月 25 日（周一）16:00	张　妮
	如何利用生成式 AI 工具洞察领域热点	11 月 27 日（周三）16:00	舒　子
	生成式 AI 与著作权——我们在哪里？我们要去哪里？	12 月 5 日（周四）19:30	雷若寒
2025 年春季	人工智能风云录与 OpenAI 权力的游戏	3 月 10 日（周一）16:00	胡　琳
	GPT 与生成式 AI：从工具到变革，开启智能未来	3 月 17 日（周一）19:30	胡　琳
	生成式 AI 的边界与未来：突破还是瓶颈？	3 月 20 日（周四）19:30	胡　琳
	驾驭 AI 时代：高效互动与提示词工程的艺术	3 月 24 日（周一）19:30	胡　琳
	AI 赋能音乐创作：开启智能作曲新纪元	3 月 27 日（周四）16:00	王圣洁

续表

学期	题目	时间	主讲教师
2025年春季	AI视频创作全攻略：解锁无限视听可能	4月1日（周二）16:00	王圣洁
	智享未来：Notion AI赋能高效学习与智能工作	4月9日（周三）16:00	周　琴
	数字人时代：打造个性化虚拟形象与互动体验	4月11日（周五）16:00	王圣洁
	AI搜索引擎：开启智能搜索新时代	4月14日（周一）16:00	鞠　媛
	AI加持PPT：高效打造专业级幻灯片	4月17日（周四）16:00	王圣洁
	生成式AI赋能学术创新：精准洞察领域热点	4月22日（周二）16:00	舒　予
	Kimi智能助手：解锁科研与学习的AI新范式	5月7日（周三）16:00	周　琴
	AI×设计：零基础玩转海报创意制作	5月12日（周一）16:00	王圣洁
	国货之光：中国AI产品军团巡礼	5月16日（周五）19:30	胡　琳
	AI剪辑魔法：0基础秒变视频剪辑高手	5月17日（周六）16:00	李晓蔚
	DeepSeek赋能设计：解锁DeepSeek+设计工具的王炸组合	5月20日（周二）19:30	李晓蔚
	Deepseek实战指南：高效赋能学习与生活	5月22日（周四）19:30	张译文
	AI与学术规范：在效率与诚信之间寻求最佳平衡	5月28日（周三）16:00	周　琴
	AI赋能法律：开启智能法务新时代	6月3日（周二）16:00	张　妮
	生成式AI与著作权：现状、争议与未来走向	6月5日（周四）19:30	雷若寒
	解锁开源大模型：本地部署全攻略	6月8日（周日）16:00	赖　伟

面向教师，学校构建“认知唤醒—能力跃迁—生态共融”的教师数字化素养培训体系，不断提升教师基于人工智能赋能提升的教学水平。针对新教师、骨干教师与资深教师群体，四川大学设计“基础—进阶—高阶”三级能力跃迁体系，聚焦数字工具操作技能，开设“未来已来：如何利用生成式 AI 提升教学能力”等 9 门数字化新教师培训必修课程，涵盖智能教学工具操作、数据素养与 AI 伦理等内容。四川大学举办“以学为中心——教育数字化转型、人工智能+教育使能与教育赋能研讨会”和“面向未来和数智赋能的学习范式、教学方式与培养模式变革研讨会”；开展“基于 DeepSeek 等 AI 的教学赋能进阶精粹”等主题的“智慧+”教师素养提升工作坊 20 余期，“人工智能大型语言模型与教育数字化转型”等主题“青椒教谭”教学创新系列培训活动 14 期。此外，每年暑期组织教师在国家智慧教育服务平台学习人工智能课程，培训教师达近 6 000 人次，不断提升教师使用 AI 赋能教学的能力（图 1–9、表 1–2）。

图 1-9　人工智能素养教师培训

表 1-2　人工智能素养教师培训部分活动

培训时间	培训名称	主题
2023-06-09—06-10	第十届“以学为中心研讨会”	教育数字化转型
2024-12-20	第十一届“以学为中心研讨会”	人工智能 + 教育使能与教育赋能
2025-04-11	第十二届“以学为中心研讨会”	面向未来和数智赋能的学习范式、教学方式与培养模式变革
2023-10-10	“智慧 +”教师数字素养提升工作坊第一期	孔明的羽扇：借力生成式人工智能开启教育新篇章
2023-10-17	“智慧 +”教师数字素养提升工作坊第二期	数字英雄：数字人在未来教学中的崛起

续表

培训时间	培训名称	主题
2023-11-07	“智慧+”教师数字素养提升工作坊第三期	多元智能之旅：在线教育平台的创新应用（雨课堂、学习通、爱课程）
2023-11-23	“智慧+”教师数字素养提升工作坊第四期	超越现实：沉浸式学习与虚拟仿真
2024-05-09	“智慧+”教师数字素养提升工作坊第五期	知识导航员：知识图谱提升教学效果的途径
2024-05-15	“智慧+”教师数字素养提升工作坊第六期	未来已来：探索生成式 AI 在教学与科研中的无限可能
2024-05-22	“智慧+”教师数字素养提升工作坊第七期	生成式人工智能下的教学创新与考核设计
2024-05-30	“智慧+”教师数字素养提升工作坊第八期	以“知识、能力、素养”为导向构建知识图谱 AI 课程
2024-06-04	“智慧+”教师数字素养提升工作坊第九期	基于知识图谱的 AI 课程建设
2024-06-12	“智慧+”教师数字素养提升工作坊第十期	基于“大川学堂”四川大学智慧教育平台开展知识图谱的 AI 课程建设
2024-06-17	“智慧+”教师数字素养提升工作坊第十一期	AI 辅助教学：智能分析与学生个性化学习
2024-06-20	“智慧+”教师数字素养提升工作坊第十二期	智慧课堂：课件、微课与信息化教学案例分享
2024-06-21	“智慧+”教师数字素养提升工作坊第十三期	数字化环境下的学生自主学习能力培训
2024-06-25	“智慧+”教师数字素养提升工作坊第十四期	人工智能赋能教育教学创新与思考
2025-02-26	“智慧+”教师数字素养提升工作坊第十五期	解锁 DeepSeek 潜能：助力高效教学、科研与办公
2025-03-05	“智慧+”教师数字素养提升工作坊第十六期	基于 DeepSeek 等 AI 的教学赋能进阶精粹

续表

培训时间	培训名称	主题
2025-03-12	“智慧 +”教师数字素养提升工作坊第十七期	人工智能赋能教学：在线教育平台的创新应用探索
2025-03-20	“智慧 +”教师数字素养提升工作坊第十八期	AI 赋能智慧课程的实践与探索
2025-04-09	“智慧 +”教师数字素养提升工作坊第十九期	聚焦智慧课程建设，赋能创新人才培养——以《生物化学与分子生物学》课程为例
2025-04-24	“智慧 +”教师数字素养提升工作坊第二十期	数字化教学平台应用——教学教务人员专场
2025-05-14	“智慧 +”教师数字素养提升工作坊第二十一期	中国大学 MOOC 智慧课程建设与应用
2025-05-16	“智慧 +”教师数字素养提升工作坊第二十二期	电路课程建设的十三般武艺
2023-03-23	青椒教谭教师教学创新工作坊第六期	人工智能大型语言模型与教育数字化转型
2024-09-18	青椒教谭教师教学创新工作坊第十一期	混合式教学模式的构建与探索
2024-10-29	青椒教谭教师教学创新工作坊第十二期	如何基于四川大学雨课堂 AI 教学平台进行智慧教学
2024-11-11	青椒教谭教师教学创新工作坊第十三期	AI 在学术英语写作中如何提升学生的批判性思维与逻辑思维
2024-11-13	青椒教谭教师教学创新工作坊第十四期	基于超星学习通平台的智慧课程建设与应用培训
2024-05-28	四川大学“智能 +”时代新型基层教学组织建设研讨会	
2023-05-26	第 16 期新教师教学能力提升培训	未来已来：如何利用生成式 AI 提升教学能力
2023-11-30	第 17 期新教师教学能力提升培训	未来已来：如何利用生成式 AI 提升教学能力
2024-03-11	第 18 期新教师教学能力提升培训	未来已来：如何利用生成式 AI 提升教学能力

续表

培训时间	培训名称	主题
2023-07-08	2023年暑期教师研修（国家智慧教育公共服务平台）	数字素养提升
2024-07-08	2024年暑期教师研修（国家智慧教育公共服务平台）	数字素养与技能提升
2025-02-03	2025年寒假教师研修（国家智慧教育公共服务平台）	深化教育综合改革

（八）聚焦教育教学实效，探索智慧教学质量多维评价新方式

针对生成式智能技术可能导致的学业诚信与伦理等问题，作为国家和四川省智慧教育平台试点高校，四川大学出台专门的AI工具导引和应用规范，指导人工智能工具在本科教育教学和人才培养中的应用；制定《四川大学智慧教育平台数字资源内容审核规范》，以保障学校智慧教育平台数字教育资源内容安全，促进学校智慧教育良性发展；下发了《在线课程建设和应用实施意见》等文件，不断完善智慧课程教学质量综合评价体系，建立健全课程内容标准、课程运行标准、学习管理标准和课程考核标准，探索开展在线课程学分认定和学分互认，开展基于大学生创新教育项目成熟度的创新创造成长力指数应用实践，不断强化全流程、全周期、全环节的智

慧教育质量意识。

三、结语

经过近年的探索与实践，四川大学“人工智能+”深度赋能一流本科教育教学取得明显的成效，获得了社会各界和新闻媒体的广泛关注，如央视新闻《高校教学正升级AI大模型来助力——四川大学在虚拟环境中练习口腔正畸》，光明日报《四川大学——打破“理工”与“人文”的传统界限》，人民日报《当大学生遇上大模型——人工智能会成为“偷懒神器”吗？》，中国青年报《让师生共成，与智能共成——透视四川大学人工智能赋能一流本科新发展》，新华网《120所全国重点中学校长齐聚四川大学，共话人工智能赋能基础教育与高等教育》，中国网《赶路登峰变为先，育才为学出新章——四川大学举行这场研讨会》等。人工智能赋能高等教育已成为新时代四川大学人才培养高质量发展的重要推动力、发展新赛道和改革突破点。

人工智能技术的飞速发展为教育带来无限可能，也赋予我们重大责任。面对“人工智能+”带来的机遇和挑战，高等教育的基本属性始终不变，初心使命始终不变。培养什么人、怎样培养人、为谁培养人始终是教育的根本问题，立德树人始终是教育的根本任务。四川大学将坚持守正创新，在新阶段、新标准、新路径的智慧教育“三个新”的新形势下，努力构建以未来教师为主导、以未来课堂为阵地、以未来学校为方向、以未来学习中心为基座的智慧教育“四个未来”的新生态，以更加开放的胸怀、更加务实的举措，以“人工智能+”赋能实现全方位人才培养重构、全要素教育教学改革、全时空教学场景建设、全过程质量评价管理，不断探索数智时代人才培养的新范式，最终实现提升人才培养质量尤其是新质人才培养质量的目标，把“人工智能+”赋能一流本科的红利真正体现在教育强国、人才强国、科技强国和文化强国建设之中。

第二部分

四川大学人工智能深度赋能一流本科管理文件

四川大学人工智能素养教育嵌入本科教育教学行动指南（试行）

为提升广大师生人工智能素养，鼓励师生在本科教育教学中科学合理地应用人工智能技术，以“人工智能+”赋能教育助力本科教育教学全要素建设，为一流本科教育教学改革提供科学性、系统性和前瞻性的指导，经前期调研、意见征求、专题会议研究，特制定《四川大学人工智能素养教育嵌入本科教育教学行动指南（试行）》。

一、行动背景

（一）人工智能迅猛发展

习近平总书记强调指出：“中国高度重视人工智能对教育的深刻影响，积极推动人工智能和教育深度融合，促进教育变革创新，充分发挥人工智能优势，加快发展伴随每个人一生的教育、平等面向每个人的教育、适合每个人的教育、更加开放灵活的教育。”人工智能是引领未来的战略性通用技术，对于推动经济社会各领域智能化发展、高质量发展和加速发展至关重要，为发展新质生产力提供强有力的支撑。新质生产力是创新主导的先进生产力，是科学技术革命性突破、生产要素创新性配置、现代产业持续性升级的根本要求。人工智能尤其是生成式人工智能的飞速发展给教育教学改革带来巨大的潜力和挑战，“人工智能 +”时代的新质人才必须具有全面均衡、持续迭代的社会价值观、社会伦理观、批判性思维、跨文化思维、数字化素养、终身学习力、协同发展力、创新胜任力、实践创造力。人工智能素养是顺应当代技术发展，在信息素养、数字素养、数据素养等基本素养基础上的扩展和深化，不仅注重人工智能基础知识的普及了解，而且关注对人工智能技术应用的技能提升，还涵盖对人工智能的批判性思考，已经成为适应数智时代的关键素养。人工智能素养教育是培养数字化素养的重要路径，是实现“价值塑造—能力培养—知识传授”三位一体人才培养定位的关键一环，必须全面嵌入本科教育教学的全过程、全领域和全场景。

（二）社会各界高度重视

人工智能的发展迭代已经远超人们的想象，正在全面渗透社会各方面和各行业，全面重塑个人和群体的思维模式，全面重构社会生产生活方式和结构，在全球范围内受到社会各界高度重视。美国自2016年来先后发布《国家人工智能研发战略计划》《为人工智能的未来做准备》《人工智能倡议法案》等文件，对人工智能进行战略布局。美国国家科学基金会每年投入数百万美元用于人工智能研究中心的创立与发展，呼吁高校和学术机构积极开展人工智能及其素养教育并引进相关人才。欧盟2018年发布《人工智能时代：确立以人为本的欧洲战略》后，陆续发布《人工智能白皮书——追求卓越和信任的欧洲方案》《关于制定人工智能统一规则（AI法案）》。英国2018年成立国家科研与创新署，依托高等教育体系培养人工智能人才，将人工智能教育贯穿整个高等教育本硕博课程。加拿大2017年推出《泛加拿大人工智能战略》，加大对人工智能人才培养的经费支出，要求高校注重学生的人工智能素养培育和专项人才培养。中国先后发布《新一代人工智能发展规划》《高等学校人工智能创新行动计划》《如何化解人工智能带来的国家安全挑战》《生成式人工智能服务管理暂行办法》等文件，明确提出要把握好时代机遇，完善基础理论体系与技术体系，统筹布局人工智能创新平台，加快培育人工智能高端人才，2024 年《政府工作报告》中更是提出开展“人工智能 +”行动，推动人工智能与各行各业深度融合，推动数字化转型和智能化提升，赋能新质生产力。联合国教科文组织呼吁各国政府重视人工智能相关课程，建立适当的法律法规引导合理使用人工智能，并在 2022 年提出“政府认可的 K–12 人工智能课程图谱”。国际图书馆协会和机构联合会指出，图书馆应当在促进人工智能素养培育方面发挥主导作用，积极开发信息素养产品，以拓展高校师生或社会人士的人工智能素养知识与技能。

（三）高校实践全面展开

随着新一代人工智能技术的快速发展及其应用领域的不断扩展，社会对相关人才的需求持续增长。作为人才培养的主要阵地，几乎所有的高校都意识到人工智能、人工智能教育和人工智能素养教育的重要性，都在积极开展一系列有益的探索与实践。

1. 国外高校

根据对美国哈佛大学、耶鲁大学、斯坦福大学、普林斯顿大学、加州大学伯克利分校、麻省理工学院、芝加哥大学、加州理工学院、北伊利诺伊大学、南佛罗里达大学、范德比尔特大学，英国伦敦大学、帝国理工学院，芬兰赫尔辛基大学、瑞典隆德大学、瑞士苏黎世联邦理工学院、日本东京海洋科技大学、新加坡国立大学等国外 18 所高校人工智能素养教育现状的分析，各高校通过承担特定的角色和职责，共同构建多层次的教育体系。其教育实践主体主要为高校学院或跨部门专家团队、教育教学相关中心或部门、图书馆三类，分别占 29%、52% 和 19%；以制定教学行为准则、提供自主学习资源、开设 MOOC、开设专门线下课程、开展咨询服务、举办讲座研讨会等多种形式开展人工智能素养教育，以求全面提升师生尤其是学生在人工智能领域的认知（knowledge）、技能（skills）、态度（attitudes）、伦理（ethics）和价值观（values）。

2. 国内高校

根据对清华大学、北京大学、浙江大学、南京大学、中山大学、武汉大学、东南大学、厦门大学、上海外国语大学、华东政法大学、北京邮电大学和香港科技大学等 12 所国内高校的初步调研，国内高校开展人工智能素养教育的实践主体和主要形式与国外高校基本相同，在推动“人工智能 +”教学的过程中，形成更加多元化的合作教育主体，包括但不限于学校图书馆、跨学院部门的专家团队以及“互联网头部企业＋高校”的主体结构。与国外不同，国内高校图书馆是开展人工智能素养教育的重要主体，占比接近一半，主要通过讲座培训等方式提升师生人工智能素养。高校通过跨学院部门之间的合作共同向师生提供人工智能素养教育的通识课程，“企业＋公司”也以多种形式在人工智能素养教育中发挥关键作用。

二、指导思想

以习近平新时代中国特色社会主义思想为指导，全面贯彻党的二十大精神，深入落实习近平总书记关于新质生产力、教育数字化、人工智能系列讲话和重要指示精神，以学生发展为中心，以教师专业成长为支撑，用人工智能推动教、学、管、研、导融合发展，关注个性化学习需求和未来发展，重点提升师生人工智能的思维意识、方法能力、伦理道德，构建“人工智能＋”赋能一流本科的教育教学新生态。

三、主要目标

以立德树人为根本，以服务新质生产力为方向，以发展新质教育、培养新质人才为抓手，以人工智能素养教育为切口，将人工智能素养更有效地嵌入文理工医等各学科专业，嵌入通识教育、公共基础、专业核心、实验实习等各课程类别，嵌入第一课堂、第二课堂、第三课堂等各教学场景，将全学科全场域人工智能素养教育打造成为“人工智能+”新质人才培养的智能引擎。在人工智能素养教育中，充分利用新的人工智能大模型、数字工具与技术，综合运用虚拟教研室、智能学习空间、智能教学设施、智能教学方法、智能教学资源、智能教学助手，不断更新教育理念、创新教学方法、加强实践教学、优化教学评估，全方位培养师生人工智能的思维意识、方法技能、伦理道德，促进学生自主性学习、自觉性学习、多元化学习、沉浸式学习、高效化学习，提升拔尖创新人才自主培养质量。

四、基本原则

（一）涵育引领

在人工智能素养教育中，积极把握数智时代新要求，及时跟踪技术发展新成果，努力涵育教育教学新生态，全面覆盖一流本科全学科、全课程、全场景，充分涵盖信息素养、数字素养和数据素养，实现教师和学生同成长、共发展。

（二）长期坚持

从学校、学院、专业、课程等不同层面，科学制定长期持续的人工智能素养教育规划，关注本硕博不同学段的有机贯通，注重大学与中学的有效衔接。在人工智能素养教育中，定期对教学内容和技术工具进行评估和更新，与行业发展和技术进步保持一致。

（三）实践为上

强调理论知识与实际应用结合，及时引入人工智能的最新发展和技术前沿，通过实战型实践实验实习、项目式学习等多样化教学活动，提高师生实际操作的能力和解决复杂问题的能力，以人工智能素养教育成效，推进“五金”（金专、金课、金师、金教材、金项目）和“四新”（新工科、新医科、新文科、新农科）建设。

（四）创新应用

推进人工智能与教育教学深度融合，激发学习兴趣和创新思维，培养主动探索人工智能在不同领域应用的能力。在人工智能素养教育中，强化高阶性、创新性和挑战度，充分采用在线学习平台、虚拟现实、模拟游戏等教学新方法新技术，实施跨学科的融合式教学策略。

（五）分层推进

按照教育教学活动的特点，依据学校办学定位、学院学科特色和专业人才培养目标，从学校、学院和专业等层面，分层推进人工智能素养教育，赋能建设一批高水平智慧课程，全面升级信息素养教育，构建人工智能素养教育体系。

五、基本内容

（一）总体要求

1. 思维意识

能够准确地理解人工智能的核心理念并具有良好的计算思维和批判性思维，能够深刻地认识人在人工智能应用和发展中主导性作用，能够主动地学习和适应人工智能新技术，能够积极地运用人工智能思维来思考、分析、判断、处理问题，能够有效地应对科技发展所带来的不可知未来。

2. 方法技能

掌握基本的编程原理和技能，如人工智能常用语言，为进一步的技术应用学习打下基础。了解机器学习、深度学习等人工智能核心技术的原理，理解其背后的逻辑和方法。学会利用数据分析工具进行数据预处理、数据探索和数据可视化。了解自然语言处理、计算机视觉、多模态信息处理等技术的基本原理和方法。能够利用各类人工智能工具创造性地解决行业产业和社会发展问题，将理论知识应用于实践。

3. 伦理道德

始终遵循社会主义核心价值观，不断养成人工智能应用的伦理意识和社会责任感，全面了解和遵守涉及人工智能的隐私保护、数据安全等法律知识，充分认识和把握人工智能技术应用的道德边界和责任，正确理解和处理人工智能技术发展和应用可能带来的伦理和道德冲击。

（二）分科要求

1. 文科

了解人工智能在文本分析与自然语言处理、文化遗产保护、翻译与语言教学、数据挖掘与预测以及创作等领域的应用。能够科学使用人工智能工具，通过视频、图像、文本分析和历史文献挖掘深入理解文化作品和历史背景，利用人工智能预测社会趋势为社会科学提供数据支撑，进行数据收集、分析和解释。借助 AI 辅助创意表达，推动艺术创作和交互式作品的开发，应用人工智能引导学生思考技术与人文价值的关系。

2. 理科

了解人工智能在前沿科研领域的应用，具备数据分析建模、模型评估优化的能力，了解当前机器学习的优势及适用场景，能够把人工智能技术应用于文献研读、实验方案设计和实验结果分析，利用统计学原理和数据分析方法，处理和解释复杂数据集，为人工智能模型的构建提供数据支持。结合数学、物理学、化学、生物学等自然科学理论，探讨人工智能在实验设计和模拟仿真中的应用，培养更加强大的科学探究能力。

3. 工科

了解人工智能在相关工业领域的应用前景，包括自动化控制、智能传感、机器人和智能制造等。具备数据分析和建模能力，能够利用工程思维，按照“人类能理解、机器能处理”的方式运用多种工具，通过熟练使用通用软件或编程语言，突出在工程问题解决中的应用，将人工智能应用于“发现问题→分析问题→解决问题”的全过程，并与实践实验实习相辅相成，通过产教融合和产学合作等方式，全面提高工程实践能力。

4. 医科

形成人工智能只是辅助诊断工具而无对错真假，不可替代医生以专业判断为病患负责的核心意识。掌握人工智能工具的基本应用，能够操作常见医疗人工智能软件或平台，如人工智能辅助诊断系统、智能影像分析工具等，理解其输出结果的意义和局限。学会人工智能评估与解释，学习解读模型的输出结果，了解评估中的关键指标。对某些人工智能模型的不可解释性有充足认知，对提高了解评估中的关键指标，以及模型可解释性的重要性有充足理解，学习如何解读模型的输出结果和决策过程。理解人工智能项目从需求分析、数据收集、模型开发到部署应用的全生命周期管理，能够与信息技术团队、数据科学家、伦理审查委员会等多方有效沟通，在未来职业生涯中与人工智能技术和谐共生，全面提升医疗服务水平。

六、实施策略

（一）做好顶层设计

进一步深化广大师生和各级领导对人工智能赋能教育的认识，科学开展人工智能教育顶层设计，建立人工智能教育管理发展委员会，全面制定和推进“四川大学人工智能赋能一流本科发展规划”，打造人工智能素养教育“川大样板”，切实服务以探究式教学（inquiry-based teaching）、创新性学习（dynamic learning）、激励式管理（encouragement-based management）、引领性研究（advanced research）和闭环式督导（loop-closed supervision）为主要特征的“大川 IDEAL”智慧教育体系的整体构建。

（二）逐次分步实施

在充分做好发展规划的基础上，有步骤地重点推进人工智能素养教育嵌入本科教育教学“四大行动”。一是“人工智能 +”引领行动，聚焦和强化人工智能素养，关注人工智能的思维意识、方法技能、伦理道德等内容，组织编制和发布主题指南。二是第一课堂建设行动，坚持第一课堂主导、多课堂结合，将人工智能素养教育纳入本科人才培养方案重构工作。三是数字新基建行动，积极开展未来学习中心建设，加强教育教学基础设施更新升级，服务本科教育教学改革，提升师生学习力和发展力。四是多部门协同行动，整合教育教学平台和图书馆服务平台等资源，通过校内外联合建设创新实验室、组建人工智能素养教育虚拟教研室、依托“大创项目”等平台设立人工智能跨学科项目、开发人工智能相关实习实训项目、定向建设优选课程和数字教材等方式，构建人工智能素养教育发展新体系。

（三）明确发展任务

根据总体发展规划，抓好近期重点任务的落实。一是在学校层面，定向打造面向文理工医不同学科专业的全校性人工智能通识教育优选课程“人工智能素养（文、理、工、医）”，在“信息与交叉”通识教育核心课程中建设系列化人工智能素养选修课程，依托学校教师发展中心和图书馆等平台在“数字＋教师工作坊”“明远一小时讲座”中持续打造、定期开展人工智能素养系列教育培训和系列阅读推广活动，联合专业机构开发人工智能素养数字教学资源，开展适合不同学科特点的人工智能素养课程教材建设。二是在学院和专业层面，鼓励开设人工智能相关的新专业、微专业、双学士学位，在新一轮人才培养方案制定中，整合人工智能课程与现有课程体系、积极开设各专业“人工智能＋”新课程，组织和鼓励教师将人工智能素养教育嵌入专业课程教学，尤其是教师积极性比较高、建设基础比较好、教学成效比较明显的课程建设中，利用新一代人工智能技术赋能实现智慧教育课程、师资、教材、实践和项目全要素改革升级。

（四）关注发展重点

充分发挥人工智能素养教育的引擎作用，强化师生人工智能素养，全面优化人工智能赋能一流本科教育教学生态。一是利用人工智能技术深化教学研究，探索本学科专业与人工智能结合关键点，加强“人工智能＋”赋能虚拟教研室建设，运用人工智能处理和分析教学数据，建设更符合学生发展的人工智能课程和教材，构建更加智能化的教学策略和方法，不断提升学生学习成效。二是利用人工智能技术优化教学内容，实时追踪最新的学术和行业发展内容与趋势，建立多元立体的教学案例库，结合人工智能技术丰富实践教学内容。三是将人工智能高度灵活地融入教学设计，设计符合学习期望和促进主动学习的教学活动，构建满足多样化背景和学习需求的素质、能力和知识图谱，提供定制化的学习路径和丰富化的教学活动，引进行业专家参与人工智能及其素养相关教学。四是利用人工智能提供更多样、更个性、更全面的教学方法，运用 VR（虚拟现实）、AR（增强现实）、MR（混合现实）等技术开展课堂教学和实践教学，探索个性化学习、资源推荐和辅导，开发新型混合式教学、PBL 探究式教学的人工智能工具。五是利用人工智能更好地实现教学评价，采集和分析教学行为和教学结果数据，开展多维度的教学评估，及时进行教学反思和批判，有效调整教学策略和教学计划，建立持续改进机制。六是利用人工智能打破教学时空限制，运用人工智能教学平台和助学伴学工具，提供全方位的实时学习支持，采用多样化考核方式，探索建立新型学习社群，有效开展自主学习和互动交流。

（五）强化风险防范

在人工智能素养教育过程中，始终坚持“智能向善（AI for good）”，明确人工智能与伦理道德的基本要求，做好风险防范工作。既要保持开放的心态，更要承担起主体责任，避免出现违背社会主义核心价值观、挑战教育公平性和社会公序良俗等问题，不低估也不夸大伦理风险。一是坚持安全可控，保障数据的隐私与安全。清晰了解人工智能工具和技术可能会带来的信息泄露等风险，尤其是要强化生成式人工智能工具使用中的风险意识，做到规避风险、安全可控。二是坚持合法真实，确保数据的合法性和真实性。在使用人工智能工具时，要高度关注使用过程中的相关内容的合法合规性，对人工智能提供的建议或生成的数据信息进行核实，不能完全用人工智能替代人类的学习与思考。三是坚守学术诚信底线，遵守学术规范。要正确理解和使用人工智能，将人工智能定义为教学的“助手”而不是“替身”，做好人工智能提供的数据使用、文献引用、资源利用的引用与标注，在教育公平与学术诚信框架内使用相关工具与技术。

备注：本文件主要由党跃武、胡琳、胡廉洁、蒋明霞和龚小刚等起草。

四川大学人工智能深度赋能一流本科建设行动计划

随着新一代人工智能技术的快速发展及其应用领域的不断扩展，人工智能正在全面渗透社会各方面和各行业，全面重塑个人和群体的思维模式，全面重构社会生产生活方式和结构。由于社会对相关人才的数量需求持续增长和能力要求不断提高，一流本科建设必须超前识变、积极应变、主动求变，不断强化“对学生的启智、心灵的培养和基本的认知能力、解决问题能力的培养”。为全面落实全国教育大会精神和四川大学“高质量发展30条”“1+5”“1+3”文件，在深入推进《四川大学人工智能素养教育嵌入本科教育教学行动计划（川大教〔2024〕35号）》和落实《在全校开展一流本科教育教学发展大讨论的工作方案（川大教〔2024〕111号）》的基础上，特制定本行动计划。

一、指导思想

坚持以习近平新时代中国特色社会主义思想为指导，全面贯彻落实党的二十大、二十届三中全会和习近平总书记关于新质生产力、教育数字化、人工智能系列讲话和重要指示批示精神，坚持“价值塑造、能力培养、知识传授”三位一体的人才培养理念，坚持“与时俱进、智能向善、深度融合、启智培根”的建设原则，坚持“以学生发展为中心、以人工智能素养教育为引擎、以未来学习中心建设为基座”的建设思路，全面发挥国家智慧教育平台和未来学习中心试点高校的作用，不断推进基于“人工智能赋能—创新使能—改革善能”的本科人才培养，从教学资源集成、师生素养提升、教学方法创新、课堂教学组织等方面开展积极有力的探索与实践，逐步实现人工智能深度赋能一流本科建设全过程全领域全要素。

二、建设原则

（一）与时俱进

强调教育与科技发展同频共振，主动回应人工智能等前沿领域发展，与时俱进地学习应用人工智能赋能教学的工具和方法。引入最新、最适宜的人工智能工具和技术，通过持续地教学改革，确保教学内容、教学方法与时代发展同步，鼓励师生关注科技发展，培养前瞻性思维与快速适应能力，支撑学校融合式教育和学生融合式学习，确保人才培养始终契合社会需求，使学生在知识和技术迭代中保持竞争力，为未来挑战储备创新动能。

（二）智能向善

强调在教育教学中应用人工智能技术应遵循伦理道德和人文关怀，引导师生树立“敬重科学、敬畏道德、公正可信、透明可控”的人工智能应用价值观，在掌握和使用人工智能技术的同时，确保技术发展与应用服务于社会正义公平和可持续发展，强化隐私保护、公平性及可持续发展意识，规避技术滥用风险。

（三）深度融合

强调人工智能技术与本科教育教学的有机融合，将人工智能技术深度融入教学方式、课程内容、实践教学、教学资源、教学管理等各方面，利用人工智能工具重塑学习场景，实现价值、能力和知识的立体化融合，推动教育教学的个性化、智能化和高效化，提升教学质量和效果。同时，打破学科壁垒，构建“AI+X”跨学科教育生态，促进人工智能与医学、工学、理学、人文等领域的交叉创新，培养能解决复杂问题的复合型创新人才。

（四）启智培根

强化对人工智能应用方式方法的推广和改进，培养师生有效定义、识别和分析问题的学习能力；强化对人工智能应用功能功效的比较和评估，培养师生有效了解、选择和跟踪工具的迭代能力；强化对人工智能应用经历经验的反思和总结，培养师生有效探索、批判和科学思辨的实践能力。尤其是要以激发批判性思维与创造力为核心，突出家国情怀与全球视野，通过人工智能技术和工具的应用，深化启发式、探究式的教学改革，倡导“问题导向式”学习，激发学生的思维活力，引导学生追问本质、突破常规、深入思考、勇于探索，着力造就既有专业根基与跨学科潜质，又具备文化自觉与创造性能力的社会主义建设者和接班人。

三、建设任务

（一）建设典型示范性未来学习中心

充分发挥学校融合式教育的特色优势，大力推进未来学习中心试点建设，打造覆盖教育教学全要素、人才培养全领域、学生成长全过程的全场景式“人工智能+智慧教育基座”，坚持以学习空间升级改造和学习资源精准服务为基础、学习模式适时迭代和学生能力持续跃升为重点、学习范式全面转型和学习生态融合建设为方向的“三步走”建设思路，努力构建集能力驱动、泛在智能、多模态响应为一体，熔学习支持、信息服务、资源共治于一炉的智慧化学习空间、学习平台、学习社群和学习生态。

（二）建设通识性人工智能素养体系

以师生人工智能素养提升为目标，将人工智能素养更有效地嵌入文理工医等各学科专业、各课程类别，嵌入各教学场景，将全学科全场域人工智能素养教育打造成为“人工智能+”新质人才培养的智能引擎。充分利用新的人工智能大模型、数字工具与技术等资源，综合运用虚拟教研室、智能学习空间、智能教学设施、智能教学方法、智能教学资源、智能教学助手等智能化教育载体，不断更新教育理念、创新教学方法、强化实践教学、优化教学评估，全方位培养师生的人工智能思维意识、方法技能、伦理道德，推动智能向善和科技向善，促进学生自主性学习、沉浸式学习、个性化学习、多元化学习、探究式学习，提升拔尖创新人才自主培养质量。

（三）建设探索性大规模智慧课程群

在试点建设大学外语、大学物理、计算机程序设计、人工智能素养等智慧课程的基础上，以课程教学目标为引领，强调“素质—知识—能力”多维度呈现课程内容和教学方式，运用数字化、智能化手段组织多种类型的教学资源嵌入，形成可视化、立体式、关联型的语义网络与资源库，为学生提供个性化学习路径、资源推荐，为教师提供精准数据反馈、学生画像，并通过梳理专业人才培养方案、课程与知识点的对应关系，以能力图谱推动专业、课程知识图谱的建设与应用，通过课程教学实现人才培养目标。

（四）建设立体新形态智慧教材体系

充分利用人工智能、大数据等信息技术，系统整合在线开放课程、微课、教学案例、视频素材、题库等多元化教学资源，推进课程、教材与资源一体化建设。创新教材呈现方式，加大知识（能力、素质）图谱建设，以国家级一流本科课程为重点，打造一批多介质、智能化、动态化、强交互、快速迭代的立体新形态教材。加大基于国家、四川省和学校智慧教育平台的示范性数字教材建设力度，积极推动数字化教育教学资源赋能教育高质量发展。

（五）建设应用型智慧教学服务系统

建设基于 IDEAL 理念即探究式教学（inquiry-based teaching）、创新性学习（dynamic learning）、激励式管理（encouragement-based management）、引领性研究（advanced research）和闭环式督导（loop-closed supervision）的“1+*N*+*X*”智慧教育服务大平台，进一步研究和探索人工智能工具的应用，积极服务和助力教师开展教育教学改革。探索建设川大特色和优势学科领域垂直大模型，强化人工智能在各级各类实验教学与虚拟仿真中心建设中的赋能作用，自主或联合开发教育教学智能体和人工智能生成内容检测工具，开发 AI 助教、AI 学伴、AI 学业诊断师等工具，助力学生自主探索学习和优化教育教学管理服务。出台《四川大学本科教育教学人工智能工具应用规范》，编制《人工智能工具应用导引》《人工智能工具提示词工程实用指南》等指导文件，在积极推进人工智能深度应用的过程中，全面规范人工智能工具科学使用，帮助师生提升应用效率和效果，探索建立人工智能赋能教育教学质量标准。

（六）建设可持续智慧教育生态系统

坚持“高技术”“高情感”结合，利用人工智能赋能开展基层教学组织建设、学习社区建设、师生学习共同体建设，打造“人工智能 + 教师数智素养工作坊”，积极培育文理工医各学科和跨学科的“人工智能 +”高等教育典型应用场景，进一步将人工智能赋能落实到一流本科教育教学改革的全过程、全领域、各方面、各要素，努力营造人工智能赋能一流本科建设的师生友好型、内涵发展型智慧教育生态。

四、实施步骤

为推进教育强国建设“三年行动计划”和学校“十五五”发展规划制定和实施，以学生发展为中心，以学院（系）为主体，以师生同创、生生共学为重点，在系统整合智慧教育资源、提升师生人工智能素养、完善智慧教育新基建的基础上，分层次、有步骤、分类别、有重点地完成上述六大建设任务，全面落实人工智能深度赋能“进学校发展规划”“进人才培养方案”“进课堂教学主阵地”“进教育教学全要素”等“四进”工作，大力推进人工智能深度赋能在一流本科高质量发展中科学规范、广泛深入的应用。

（一）第一阶段，重点实现基础功能全面覆盖（2024—2025）

推广应用未来学习中心跨平台门户建设成果，推动所有专业、所有课程、所有课堂根据教学需求选择专门的教学平台，实现课堂管理、学情分析、过程考核、人工智能助教四大基础功能，帮助学院、教师了解和掌握学生学习情况，更好地给予学生学业指导，运用人工智能推动教育教学方法改革创新。

（二）第二阶段，重点开展进阶功能推广示范（2025—2026）

实现公共基础课、大类平台课、专业核心课、实践教育课、通识核心课等重点课程人工智能赋能教学进阶功能。根据学校和各专业的人才培养目标和学生发展需求，引入 AI 助教、学科领域模型等工具，建设课程知识图谱、能力图谱，实现课程能力目标、问题（项目）体系、知识架构和教学资源等四个维度的可视化呈现，重构课程内容，革新教学方法。同时，提供包含有案例、习题、实操、思政点、重难点等与知识点高度智能匹配的丰富的教学资源，开发 AI 学伴、AI 学业诊断师等工具，帮助学生实现个性化学习、自主性学习、进阶式学习。

（三）第三阶段，重点推进高阶功能创新引领（2026—2027）

从课程到专业层层变革，瞄准国家重大需求和社会急需，推进各专业人才培养模式深层次变革，借助“1+*N*+*X*”智慧教育服务平台，梳理本专业知识、能力、素养图谱，重构人才培养方案，重组专业课程，升级教学内容，革新教学方式，创新考核内容，整合海量教学资源，实现与相关专业的融合式联接，筑牢学生未来创新发展的底气，为培养德智体美劳全面发展的拔尖创新人才做出川大新贡献。

五、保障措施

（一）项目支撑

学校根据人才培养需要，组织开展各级各类“人工智

能 +”教学研究项目、课程、实践项目、微专业的孵化、申报、建设及相关工作。鼓励各学院（系）根据所整合的教育教学资源，配套开展院（系）级人工智能赋能教学项目，有组织地支持和鼓励教师利用人工智能对教育教学进行前瞻性研究、创新性实践、系统性推进、典型性示范。

（二）示范引领

学校将人工智能深度赋能一流本科建设情况纳入职称晋升、评奖评优、本科教学奖励等工作中，持续开展学校智慧教育先进单位创建和智慧教育先进个人评选活动，并通过线上线下多种渠道，加强对人工智能赋能教学改革先进个人和集体等典型案例的宣传报道，发挥榜样示范作用。

（三）任务考核

在年终绩效考核和单位领导班子任期目标考核中，加强对各单位推进人工智能深度赋能本科教学任务落实情况的监督检查，将工作推进和任务落实情况作为校院两级督导的重要内容。对责任落实不力，工作推动迟缓，造成不良影响的单位进行整改督促，切实以监督检查推动各项任务落实到位。

（四）服务支持

学校教务处、人事处（教师工作部）、信息化建设与管理办公室、图书馆等有关部门将全力协同和协助各学院（系）开展师生教育培训、平台使用指导、管理服务优化等工作。

备注：本文件主要由党跃武、胡廉洁、蒋明霞和龚小刚等起草。

四川大学本科教育教学人工智能工具应用规范（试行）

第一章　总　则

第一条　为指导并规范人工智能工具在本科教育教学和人才培养中的应用，推动技术赋能，防范技术风险，根据《生成式人工智能服务管理暂行办法》等规定，制定本规范。

第二条　本规范所称人工智能工具（以下简称 AI 工具），是指利用人工智能技术所设计的大模型工具，如 DeepSeek、智谱清言、文心一言等，或专门为教育教学设计的垂直模型和智能体，以及用以辅助、优化和革新教学过程、内容和方法的相关软件、平台或系统。

第三条　本规范适用于四川大学全体教师、学生、教学辅助人员和其他相关人员开展的各类本科教育教学活动，涵盖本科人才培养全过程、全领域、全要素，包括专业建设、课程建设、课堂教学、实践教学、创新教育、教材建设、教师发展、远程教育、教学评估、质量监控等。

第四条 本规范以习近平新时代中国特色社会主义思想为指导，全面贯彻党的二十大精神，深入落实习近平总书记关于新质生产力、教育数字化、人工智能系列讲话和重要指示批示精神，坚持“价值塑造、能力培养、知识传授”的人才培养理念，倡导“能力提升品质，技术赋能学术，伦理护航创新”，鼓励师生在教育教学和人才培养中合法、合理、合规地使用 AI 工具，培养师生在 AI 工具使用过程中的批判性思维与创造性思维，提升发展效率与创新能力，坚守学术道德和伦理底线，维护成果原创性与真实性，确保人工智能深度赋能增强而不是削弱个体独立思考和创造能力，努力构建“人机协同、人机共生”“师生同创、生生共学”的新型智慧教育生态。

第五条 AI 工具的应用应遵循以下四个原则：

（一）以人为本，全面发展。人工智能应用服务于人才培养的根本目标，在于促进学生知识、能力与素养的全面提升，辅助师生优化教学设计与实施，提升教育教学和人才自主培养质量。坚持“人的智能”与“人工智能”的有机结合，避免过度依赖或不当使用 AI 工具，确保人的主体地位和主观能动性。

（二）行为规范，内容可信。严格遵守国家相关法律法规、学术伦理规范和学校规章制度，确保AI工具使用的合法合规、安全可信。坚持“多元管理”与“科学治理”的有机结合，加强伦理风险防范，保障数据安全和个人隐私，确保信息安全。坚持真实、客观、公正，充分尊重多元文化，避免歧视和偏见。

（三）分类引导，场景规制。根据AI工具在不同教育教学场景中的客观价值和应用风险，明确制定与之相适应的使用规范和要求，实施差异化管理和分类引导。坚持“人文情感”与“技术高能”的有机结合，积极鼓励合理应用，有效限制不当应用，严格禁止违规应用。

（四）开放创新，动态优化。鼓励在教育教学中积极探索AI工具的创新应用，同时密切关注技术发展带来的新挑战和新风险，动态调整和完善规范。坚持“技术创新”与“规范管理”的有机结合，力求避免形成新的信息孤岛和技术屏障，有效防范信息茧房和智能幻觉，确保在守正创新中实现动态发展、平衡发展和持续发展。

第二章　AI工具应用要求

第六条　根据应用风险程度和价值导向，学校将教育教学领域的 AI 工具应用划分为禁止使用、限制使用、鼓励使用等三种类型，实施分级分类管理。

师生应积极探索人工智能赋能教育的可能性，明确人工智能辅助教学的要求，按照“禁止使用”“限制使用”“鼓励使用”的内容，在教学内容、教学组织、教学管理、教学评估、师生交流等具体场景中，科学合理地使用人工智能技术，有效提升教育教学质量。

第一节　禁止使用

第七条　禁止使用指在特定场景或环节中，使用 AI 工具存在极高风险或明确违规，坚决禁止使用的情形。

第八条　禁止使用须坚守红线，不得触碰。凡是违反法律法规、违背学术诚信、侵犯知识产权、泄露科研或教学秘密、危害国家安全和信息安全等行为，均被严格禁止。一经发现，即按照国家和学校相关规定予以严肃处理。

第九条　禁止使用包括但不限于以下情形。

（一）伪造数据。严禁使用 AI 工具生成虚假的实验数据、调查数据或捏造案例材料，包括伪造显微镜图像、实验性图表等，不得应用于课程作业、实践训练报告、学术论文、毕业论文（设计）、科研项目或科研训练项目中。

（二）直接生成核心成果。严禁直接使用AI工具生成成果的核心观点、实验结论、设计方案、核心代码、创业计划书、竞赛作品等关键性内容，并声称是个人原创成果。

（三）未经授权泄露涉密信息。严禁在涉密研究或有安全需要的教育教学以及实践活动中使用任何未经学校或相关机构批准的AI工具，严禁将涉密数据、涉密或未经核实的研究资料和师生个人隐私相关数据上传至任何AI平台。

（四）在评价环节中违规使用。严禁在各类考试测验、技能考核、成果申报评奖等评价环节中使用AR、VR类可穿戴设备、有AI连接功能的通信设备和短距离信息传输设备等所有AI工具获取答案、辅助作弊或生成虚假材料。

（五）故意逃避风险。使用人应知晓教育教学成果的可回溯性和可追踪性，具有敬重科学也敬畏道德、遵循他律更强化自律的意识。严禁使用AI工具相关检测工具协助，也不能因为检测工具可能具有的滞后性故意逃避各类伦理道德风险。

第二节 限制使用

第十条 限制使用指在特定场景或环节中，使用 AI 工具存在一定风险，但合理规范使用可控，需要加以规范和约束。

第十一条 限制使用时须明确底线，依规而行。在明确规范、符合条件、履行报备或审批程序后，方可使用。开展动态评估，满足以下某一指标则需按特定规范限制使用。

（一）伦理风险。可能引发伦理争议，如歧视性内容生成、不当价值观引导等。

（二）学术风险。可能影响师生独立思考能力、批判性思维培养，或造成过度依赖 AI 工具等。

（三）数据风险。可能涉及个人隐私泄露、数据安全隐患等。用于 AI 工具分析的数据必须来自合法且符合伦理规范的途径，严禁使用伪造或捏造的数据。严禁上传个人敏感信息、尚未公开发表或处于评审阶段的研究数据至公共 AI 平台，防止过早披露或引发潜在的专利、版权纠纷。

（四）合规风险。可能不符合国家和学校相关管理规定或行业规范的行为。

第十二条 限制使用包括但不限于以下情形。

（一）辅助撰写文献综述或开题报告。允许使用 AI 工具进行文献检索、信息提取、生成文献综述框架或开题报告草稿，但核心观点、研究思路、创新性分析必须由使用者本人完成，并仔细核验 AI 生成内容的准确性和权威性，不得直接照搬 AI 生成内容。需在文献综述或开题报告中明确声明 AI 工具的使用情况和具体用途。

（二）辅助开展数据分析与图表制作。允许使用 AI 工具进行基础统计计算、提供统计方法建议、探索性数据分析、初步数据可视化、推荐图表类型、优化图表格式、辅助进行图表数据输入和初步设置，但所用数据必须来自合法且符合伦理规范的途径，严禁使用伪造或捏造的数据，AI 工具不能取代人工对数据结果的解释和分析，图表的核心内容、数据解读和结论必须由使用者本人完成。需在成果中声明AI工具的使用情况和具体用途。

（三）辅助进行语言润色与格式调整。允许使用 AI 工具进行语法、拼写错误检查，句式和表达优化，检查引文格式或生成引用、参考文献自动排序，但不得使用 AI 工具进行核心内容的改写或润色。需在成果中声明使用的 AI 工具名称。

（四）辅助进行代码编写。允许使用AI工具生成简单、非核心、功能模块化的代码框架，但需附代码相似性检测报告，使用者需确保 AI 生成的代码框架不侵犯他人知识产权，并在此基础上进行自主开发和完善核心代码。需在成果中声明 AI 工具的使用情况和具体用途。

（五）辅助撰写学术论文、调研报告和毕业论文（设计）。允许使用 AI 工具辅助进行文献检索、数据收集与整理、实验数据初步分析、图表初步生成、论文结构框架优化、语言润色、语法检查、参考文献格式调整等辅助性工作，但各类论文的核心内容、学术思想、研究思路、核心论证、实验方案设计、关键数据分析、结论与创新以及最终定稿等关键环节，必须由学生本人独立完成。教师应明确 AI 工具使用范围，采用“双盲检测法”等方式进行核验。严禁使用 AI 工具直接生成核心内容或改写，不得通过 AI 逃避学术不端检测。需在最终成果中明确声明 AI 工具的使用情况和具体用途，毕业论文（设计）答辩时需进行说明，导师需严格审核把关。

（六）辅助创作教育教学内容。教师可以使用 AI 工具辅助生成教学 PPT、案例、习题、教学视频脚本等教学材料，但需由教师本人进行内容审核、调整和优化，确保教学内容的科学性、准确性和适教性，不得直接使用 AI 生成内容开展课堂教学、撰写教研报告和进行教材编写等。需在应用材料和成果性材料中明确注明 AI 工具的辅助作用。

教师可以使用 AI 工具生成克隆本人和具有原创形象的数字人实现答疑、辩论和互动的教学角色扮演，但素材采集需首先获得被采样者本人的声音和肖像授权。数字人生成的相关音频、视频和互动活动进行前，教师本人要对相关内容进行核实，确认后方可发布。

（七）开展个性化学习辅导。允许使用学校认可的 AI 平台为学生提供个性化学习资源推荐、知识点答疑等辅助性学习支持，但不得完全依赖 AI 进行学习，学生应注重自主学习、自觉学习和自律学习，积极开展深度思考，提升个人能力。学校或教师需对 AI 辅导内容的质量和导向进行监控，避免误导学生。

（八）策划与设计创新创业项目。允许在创新创业项目初期，使用 AI 工具辅助进行市场调研、竞品分析、商业模式设计、初步方案生成等工作，但项目核心创新点、技术路线、商业决策、风险评估等关键内容必须由团队成员自主完成，并对 AI 生成信息的可靠性进行充分验证。需在项目策划书、创业计划书中明确声明 AI 工具的使用情况和用途。

（九）辅助创作科创竞赛作品。允许在科创竞赛作品创作过程中，使用 AI 工具辅助进行文献检索、数据分析、代码编写、可视化设计等非核心辅助性工作，但作品的核心创意、技术方案、实验验证、系统集成等必须由参赛者独立完成。需在竞赛作品报告、答辩材料中明确声明 AI 工具的使用情况和用途。

（十）辅助创作艺术与设计类教育教学成果。允许在课程作业和项目方案设计初期，使用 AI 工具辅助进行视觉探索、灵感激发和初步构思，但作品或方案的核心概念、创意、风格、理念、创新点、策略、功能、用户研究、最终呈现和实施等关键环节必须由学生独立完成。严禁直接提交 AI 生成的完整作品或方案。需在提交材料中声明AI使用情况，教师应在评分标准中明确相关要求。

第三节　鼓励使用

第十三条　鼓励使用指在特定场景或环节中，使用 AI 工具风险较低或几乎不存在风险，且该工具具有明确普适性和广泛适用性，能显著提升教育教学效率和质量。在此情形下，学校秉持积极倡导、完全开放的态度，鼓励并支持师生自主选择，广泛开展使用。

第十四条　鼓励使用须遵循赋能普惠、自主选择的基本要求。学校鼓励师生积极探索和创新 AI 工具在教育教学中的应用，充分发挥 AI 工具的积极作用，提升教育教学水平与普及程度，实现高新技术普惠，促进教育公平。鼓励使用需满足以下条件：

（一）零风险或低风险。在伦理、学术、数据安全等方面，AI 工具的使用风险基本可忽略不计。

（二）普适性与公平性。AI 工具具有广泛的应用场景，能够惠及大多数师生，促进教育公平。

（三）易用性与可及性。AI 工具操作简便，易于上手。同时，学校为师生提供便捷的获取途径和顺畅的使用渠道。

第十五条　鼓励使用包括但不限于以下情形。

（一）进行课堂互动与反馈。学校鼓励教师在课堂教学中使用 AI 驱动的互动工具，如智能问答系统、互动数字人和实时反馈平台等，提升课堂互动性，及时了解学生学习情况，优化教学策略。

（二）开展智能教学评价分析。学校鼓励教师使用 AI 工具辅助进行学生作业批改、考试分析、学情诊断等教学评价工作，提高评价效率和客观性，为个性化教学提供数据支持。

（三）开展智能教学质量管理。学校鼓励教学管理人员应用 AI 工具评估课程质量、评价教师教学、监测教学状态和优化管理流程。

（四）辅助办公自动化。学校鼓励师生在日常办公类事务中使用AI工具辅助进行会议纪要生成、邮件撰写、文档整理等工作，提升办公类事务处理效率。

（五）辅助信息检索与知识查询。学校鼓励师生在学习、科研、创新创业、实践训练等工作中，使用AI搜索引擎、知识图谱等工具快速检索信息、查询知识，提高信息获取效率。

（六）辅助语言翻译与文本校对。学校鼓励师生在跨语言交流、外文文献阅读、文本写作中使用AI翻译工具、文本校对工具，提升沟通效率和文本质量。

（七）制作思维导图与激发创意。学校鼓励师生使用AI工具辅助思考路径梳理、生成思维导图框架、激发创意灵感，辅助教学和创新，包括在创新创业项目和科技创新竞赛中的初期构思和方案设计阶段。

（八）辅助创新创意设计。学校鼓励学生在艺术设计、工业设计、建筑设计等创意性课程和项目中，使用AI工具辅助进行创意激发、方案生成、设计优化等工作，拓展创作思路，提升创新能力。

（九）开展大学生创新创业项目资源对接与信息匹配。学校鼓励在大学生创新创业项目中，使用AI工具进行政策信息检索、行业动态跟踪、潜在合作方分析、风险评估预警等工作，辅助项目团队进行更精准的资源对接和决策分析，提升创业成功率。

（十）开展科技创新竞赛训练与备赛。学校鼓励在科技创新竞赛备赛过程中，使用 AI 工具进行历年优秀案例分析、参赛策略制定、技术难点攻克、模拟答辩演练等工作，辅助参赛团队进行更高效的训练和备赛，提升竞赛竞争力。

第三章　规范与管理

第一节　标注、引用与知识产权规范

第十六条　凡是借鉴、参考、引用 AI 生成或辅助修改的内容，均需在成果中进行明确标注，包括但不限于文本、数据、图表、代码等。

标注方式可采用脚注、尾注、括号等形式，明确指出哪些内容由 AI 生成或辅助修改，简要说明使用的 AI 工具名称和用途。例如："本段文字由 AI 工具 X 辅助润色""本图表由 AI 工具 Y 生成，并经人工校对""本代码部分由 AI 工具 Z 辅助生成"。

第十七条　对于可能公开传播和出版发行的课件、慕课、新形态教材等教学成果，其人工智能生成内容的标注应遵守国家《人工智能生成合成内容标识办法》(国信办通字〔2025〕2号)的相关规定，必要时应添加相应的显式标识和隐式标识，并确保标识的完整性与合规性。

第十八条 在作业、论文、报告、项目结题材料等使用AI工具的，在正式成果的末尾，需添加“AI工具使用声明”，详细列明使用的AI工具名称、开发者、版本号、使用时间、具体用途等信息。例如：

**AI 工具使用声明 **

本人在［课程名称/论文题目/项目名称］中使用了以下AI工具：

【1】工具名称：［XXX］开发者：［XX公司］版本号：［V1.0］ 使用时间：［2025年X月X日］用途：［辅助论文语言润色］

【2】工具名称：［YYY］开发者：［YY公司］版本号：［V2.5］ 使用时间：［2025年X月X日］用途：［辅助数据统计分析］

声明人：［学生/教师姓名］

日期：［20XX年X月X日］

第十九条 使用AI工具须做好过程记录。鼓励师生保存AI工具的使用记录，包括原始提示词（prompt）、AI生成内容、人机交互记录等，以备他人查验和溯源。

第二十条　若应用 AI 工具在生成内容过程中引用了第三方文献、作品等，使用者应自行核验原始来源，按照学术引用规范加以标注，不得将 AI 工具本身列为参考文献。

第二十一条　使用者应审慎评估 AI 生成内容的版权归属，遵守相关法律法规和平台使用协议，合理使用 AI 生成内容，确保其合法来源，避免侵犯他人知识产权。同时，可通过声纹加密和视频水印等技术保护自身的知识产权，并在相关成果中进行维权声明。

如需使用 AI 生成内容进行商业用途或公开发表，应咨询专业人士或机构，明确版权归属，获得合法授权，符合国家、学校和出版发行机构等的规定和要求。具体可参考中国科学技术信息研究所等机构联合制定的《学术出版中 AIGC 使用边界指南》。

第二节　监督与执行机制

第二十二条　AI 工具使用的检测与审核主要包含以下方面。

（一）技术检测。学校将探索并通过自主或联合开发等方式建立专门检测系统，用于辅助检测学生课程作业、毕业论文（设计）、案例报告和科研报告等成果中 AI

生成内容的比例。技术检测手段将与人工审核相结合。毕业论文（设计）等重要成果试点开展强制性 AI 生成内容检测，根据学科特点和培养要求，设定合理的 AI 生成内容占比阈值。原则上，文科类毕业论文（设计）AI 生成内容占比不超过 20%，理工医科类毕业论文（设计）AI 生成内容占比不超过 15%。

（二）教师审核。教师应加强对学生 AI 工具使用情况的指导和审核。毕业论文等重要成果，导师需认真审阅，对论文中 AI 工具使用情况签署审核意见，并对学生 AI 工具使用过程进行监督和指导。导师可要求学生提交 AI 工具名称、AI 平台链接、使用提示词、上传的附件、知识库素材和 AI 运行日志等过程记录材料备查。

（三）专家评议。各学院（系）教学指导委员会定期或不定期对教学成果、教学项目、教学档案、教学考核材料等进行抽查、复查和评议，开展 AI 工具应用合理性和规范性的专门评估。对具有争议或重大违规的情况，应及时报告学校有关部门并启动校级审核评议程序。

第二十三条　对于使用 AI 工具过程中出现的违规行为，学校将视情节轻重予以不同处理：

（一）轻微违规处理。对于实施未按规范进行 AI 工具使用标注、引用不规范等轻微违规行为的，学校相关单位将责令其限期整改，进行批评教育，情节严重、影响恶劣的，视其行为性质给予相应处理处分。

（二）严重违规处理。一经查实存在违反“禁止使用”类规定的行为，如伪造数据、直接生成核心成果、抄袭剽窃等严重违规行为，学校将依据学术道德相关规定和纪律处分办法，对责任人予以严肃处理。

第三节　伦理道德教育与支持保障

第二十四条　学校和各教学单位应从以下几方面开展师生 AI 伦理道德教育。

（一）教育培训。将 AI 伦理与学术规范教育纳入常态化、长期化师生教育培训，列为新生入学教育和新进职工培训必选内容，开展形式多样的教育培训活动，提升师生 AI 伦理道德意识和规范使用能力。

新生入学教育由学校图书馆和教务处共同组织，可结合图书馆入馆教育开展。

新进职工培训由教务处和人事处（教师工作部）共同组织。

各学院将相关教师培训作为基层教学组织建设的重要内容，邀请专家进行工具操作演示、提示词模板示范、案例教学方法研讨等方面的培训。

（二）课程建设。学校鼓励各学院根据人才培养需要结合自身学科特色，在开设“人工智能素养”全校性通识教育优选课程的基础上，开设人工智能相关通识教育选修课程或专业选修课程体系，系统讲授 AI 伦理道德、法律法规、学术规范、工具使用方法等内容。

（三）案例警示。学校定期发布 AI 工具不当使用典型案例，进行警示教育，提高师生风险防范意识。教师应在遵守相关规范、坚守学术道德、尊重学术伦理等方面起到带头示范作用。

第二十五条 学校将提供以下技术支持与资源保障。

（一）合规工具推荐。学校有关部门联合编制《AI 工具应用导引》，建设“生成式人工智能教育教学支持平台”，集成和推荐安全可靠、合规可信的 AI 工具列表，覆盖文本生成、文献检索、数据分析、教学辅助、科研支持等多种应用场景，并提供工具使用指南和案例。

（二）咨询服务。学校有关部门共同设立 AI 工具在线服务平台和 AI 智能助手，指派专职人员负责建设和维护，为师生提供及时的咨询服务。

（三）数据与算力支持。鼓励学校有关部门向师生开放经过安全评估和脱敏处理的教学数据、科研数据，支持师生利用学校公共计算平台开展 AI 工具的研发和应用探索。

（四）经费或奖励。学校设置专项经费和教学奖励项目，表彰师生在AI教育教学应用中的优秀案例，支持AI课程建设、AI教材建设、AI实践平台和实践项目建设，持续评选全校智慧教育先进集体。

第四章 附 则

第二十六条 本规范自公布之日起试行，试行期三年，具体由教务处负责解释。

学校将密切关注人工智能技术发展动态，积极跟进国家、行业和地方相关管理办法，定期评估本规范的执行效果，并根据实际情况适时修订完善本规范条款，以应对技术创新、应用普及与风险防范。

备注：本文件主要由党跃武、胡琳、胡廉洁、吴迪、贾舜宸、周琴、赵新、周加贝等起草。

第三部分

四川大学人工智能深度赋能一流本科实用指南

人工智能工具应用导引

胡　琳　　王圣洁　　周　琴

一、前言

人工智能（AI）技术正以前所未有的力量驱动一场深刻的变革，尤其是在高等教育领域，知识的生产、传播与应用方式正经历着范式转移。AI 已渗透至课堂教学、科学计算、实验设计、理论思辨等教育教学全链条，预示着全新的教育教学图景。

（一）编写缘起

对于高校师生而言，这既是提升效率、拓展认知、激发创新的历史性机遇，也带来了严峻挑战：AI 技术迭代迅猛、工具选择繁杂；其生成内容的可靠性、原创性与伦理边界尚需厘清；如何在拥抱 AI 的同时，保持并深化批判性思维与独立创新能力，成为核心议题。

当前市面上泛化的 AI 工具介绍，难以满足高等学校教育教学场景下高度专业化、系统化、创新化的深度需求。因此，亟需一份超越“工具箱”罗列、深度融入高校师生实际学习与科研工作流的专业指南。这份指南需聚焦于解决具体问题：如何利用 AI 深化文献挖掘而非简单查找？如何辅助严谨论证而非仅润色语言？如何从复杂数据中获取 AI 驱动的洞察？如何借助 AI 激发跨学科创新？乃至如何利用新兴的 AI Agent 技术自动化研究流程？

基于此，本工具应用导引旨在打破传统分类，以高校师生在文、理、工、医等学科领域的真实高频应用场景为核心框架，精选实用 AI 工具，提供“场景化”的解决方案。我们致力于阐明在特定场景下“为何用”以及“如何用”AI 工具，并辅以具体实例与“提示词（prompt）”指导，力求将 AI 的巨大潜力切实转化为提升大学生学术生产力与创新能力的有效动能。

（二）核心理念与方法论

我们的核心理念与方法论就是赋能而非替代，协同以求创新。本工具应用导引始终秉持：AI 是增强人类智慧的强大协助工具，而非取代独立思考与原创精神的捷径。我们坚信，技术的价值在于赋能于人。因此，在介绍每一类工具和应用场景时，我们都将贯穿以下原则：

1. 场景驱动，问题导向

从高校师生在文献研究、学术写作、数据分析、编程实践、知识构建、创新构思、实验设计、学术交流等九大核心场景及跨工具协同的实际需求出发，提出最适宜的 AI 解决方案。

2. 深度融合，流程优化

不仅关注单点工具的应用，更强调如何将 AI 工具链有机整合到学习与科研的完整流程中，实现效率与质量的双重提升。引入 AI Agent 的概念，探索更高层次的自动化与智能化工作模式。

3. 科学评估，合理使用

强调对 AI 生成内容的审辨式思维，时刻关注其准确性、可靠性、潜在偏见与“幻觉”现象。明确学术诚信底线，规避抄袭与学术不端行为。关注数据隐私与信息安全，倡导合乎伦理规范的应用。

4. 应用为本，授人以渔

提供具体的工具网址、详实的推荐理由、针对性的使用技巧，以及启发性的提示词示例，旨在帮助高校师生快速上手，并能举一反三，根据自身需求灵活应用。

5. 动态发展，持续学习

AI 技术日新月异，本导引力求反映当前主流和前沿的应用，但也鼓励高校师生保持开放心态，持续关注技术发展，不断学习和探索新的可能性。

（三）指南结构与阅读建议

本工具应用导引主体部分将围绕前述九大精细化应用场景展开，并设有一个特别的"跨工具协同"类别。

每个类别将遵循统一的结构进行阐述。

场景定义与核心应用：清晰界定该场景下的主要学术任务，并结合文、理、工、医等学科举例说明 AI 的潜在应用点。

推荐工具详解：精选相关 AI 工具，提供其官方网址（或通用访问入口）、核心功能介绍、详实的推荐理由（为何它适合此场景）。

应用示例：分享在该场景下有效使用这些工具的具体方法、注意事项，并提供提示词示例，帮助用户更好地与 AI 交互，获得高质量输出。

这份工具应用指南，致力于为高校师生在学术道路上提供有力支持。其核心目标是跨越学科与角色界限，为广大师生提供 AI 赋能的实用路径与方法，激发学术潜能，驱动研究创新。

二、前沿文献追踪与深度知识挖掘

（一）场景定义与核心挑战

在知识呈指数级增长的时代，高效地驾驭海量学术文献，精准捕捉研究前沿，深度挖掘潜在联系，并快速整合形成结构化认知，已成为衡量高校师生信息素养与研究能力的关键标尺。传统检索方式的局限性日益凸显，难以有效应对信息过载、知识交叉融合加速的挑战。本类别旨在探讨如何运用中国国内蓬勃发展的 AI 技术生态，特别是各大科技公司推出的主流大语言模型（LLMs）以及新兴的智能化专业工具，赋能文献的智能发现、深度解析与高效合成工作。

当前，DeepSeek、Kimi、腾讯、阿里、字节、百度、智谱、讯飞等为代表的国内科技力量，均已布局并推出了性能卓越的大模型产品，同时，亦有专注于垂直领域的 AI 工具不断涌现。这些工具为解决文献研究的痛点提供了前所未有的机遇，核心目标是给用户提供以下帮助：

一是智能化拓展发现。利用 AI 语义理解能力，突破关键词限制，发现更广泛、更深入的相关研究。

二是精准化分析定位。快速识别特定主题下的核心文献、关键学者、研究热点与演进路径。

三是高效化阅读整合。通过 AI 辅助，实现单篇文献的快速摘要、关键信息提取，以及多篇文献的主题归纳、观点对比与综合述评。

四是辅助性洞察创新。借助 AI 分析文献集合，辅助识别研究趋势、潜在空白，为研究选题与设计提供启发。

掌握这些国内 AI 工具的应用，对提升学术研究的起点、效率和深度至关重要，其应用场景覆盖文、理、工、医等各个学科领域。

（二）推荐国内 AI 工具详解与应用实例

以下精选了四款代表性的国内 AI 工具，重点介绍它们在文献发现、阅读、分析与整合方面的能力。

1. Kimi（图 3–1–1）

网址：https://www.kimi.com

图 3-1-1 Kimi

【推荐理由】

Kimi 在国内 AI 应用中以其突破性的长上下文窗口技术脱颖而出，能够一次性处理 20 万汉字的文本量。这一特性使其在需要深度整合和分析大量文献内容时具有不可替代的优势，特别适用于：

一是多文献批量处理与主题提炼。用户上传多篇论文（PDF、Word 等）或直接输入大量文本，要求 Kimi 进行主题聚类、核心观点提炼、研究方法归纳等。

二是跨文献信息对比与深度分析。基于提供的大量文献，指令 Kimi 就某一具体问题（如不同研究的技术路线优劣、理论观点的演变等）进行详细的比较分析和总结。

三是长篇报告或学位论文快速消化。面对数十万字的报告或论文，利用 Kimi 快速生成章节摘要、提取关键数据、回答特定问题，极大节省阅读时间。

四是大规模文献综述辅助。在进行系统性文献回顾或Meta分析时，使用Kimi对海量文献进行初步筛选、信息提取和分类整理。

【应用示例】

场景：一位进行学位论文开题准备的学生，收集了领域内近三年发表的30篇高影响力英文文献，需要快速形成对当前研究格局的宏观认识。

提示词（prompt）：我上传了一个包含30篇关于［你的研究领域，例如“二维材料传感器应用”］最新英文文献PDF的压缩包。请帮我分析这些文献：①主要研究热点方向请列出并简要说明。②这些研究主要采用了哪些关键技术或实验方法？③文献中反复提到的、尚未解决的关键挑战或未来研究方向是什么？④请将这些文献按主要研究方向进行分类，并列出每个分类下的代表性论文标题。

2. 秘塔AI搜索（图3-1-2）

网址：https://metaso.cn

图 3-1-2　秘塔 AI 搜索

【推荐理由】

秘塔 AI 搜索以其专业性和实用性在国内用户中积累了良好声誉。它致力于：

一是智能化、一站式文献检索。汇聚了国内外众多主流学术资源，并提供基于自然语言理解的语义搜索、跨库检索，以及更精准的相关文献推荐。

二是交互式、沉浸式文献阅读。支持在线打开或上传 PDF 文献，提供 AI 驱动的“边读边问”功能，可随时就文内语句、段落、图表提问；自动生成摘要、提取关键信息（如研究目的、方法、结论）、高亮显示重点；对专业术语进行实时解释。

三是辅助文献分析与筛选。具有识别论文研究创新点与局限性、自动追踪引用关系等功能。

四是与写作工具的联动。可以与秘塔写作猫等工具衔接，方便用户在阅读文献时同步进行笔记、摘录和引用管理。

【应用示例】

场景：一位经济学专业的学生在查找关于“共同富裕”政策影响的实证研究文献，需要在众多文献中快速找到高质量、强相关的研究。

应用流程：在秘塔 AI 的学术搜索中输入“共同富裕政策的实证研究”或更具体的自然语言问题。利用 AI 提供的筛选器（如期刊语种、发表时间）优化结果。对初步筛选出的文献列表，利用 AI 预览功能快速了解其核心内容和结论。选择几篇高度相关的文献，使用其智能阅读助手，让 AI 总结研究设计、数据来源、主要发现和政策含义。在阅读时，对不理解的经济学模型或术语，直接选中并向 AI 提问。

3. DeepSeek(图 3–1–3)

网址：https://www.deepseek.com

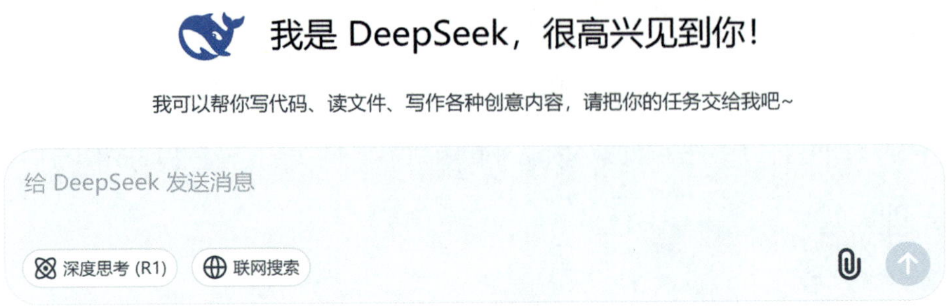

图 3-1-3　DeepSeek

【推荐理由】

DeepSeek 作为具有超强推理能力的大语言模型，拥有强大的自然语言理解、生成和知识整合能力。在文献信息处理方面，是非常灵活的助手，适用于：

一是快速理解与摘要。将复制的论文摘要、引言或结论部分粘贴给它，要求快速生成更简洁的摘要或用中文解释核心内容。

二是概念解释与背景查询。在阅读文献时遇到不熟悉的理论、模型、技术或历史背景，可以随时向它提问以获得解释。

三是基于给定文本的问答。上传或粘贴一段文献内容，然后就这段内容提出具体问题，如“作者在这里提出的主要假设是什么？”或“这段描述的方法具体步骤是怎样的？”

四是关键词提取与主题识别。输入一段文本，让 AI 提取核心关键词或识别主要讨论的主题，有助于文献标记和分类。

【应用示例】

场景：一位化学专业的学生在阅读一篇关于催化剂合成的文献时，遇到了一个不熟悉的表征技术术语（如“X 射线光电子能谱，XPS”）。

提示词（prompt）：请用通俗易懂的语言解释一下什么是“X 射线光电子能谱（XPS）”技术？它在材料科学研究中通常用来分析什么信息？相比于另一种技术（比如 XRD），它有什么独特的优势或应用场景？

4. 智谱清言 (图 3–1–4)

网址：https://chatglm.cn

图 3–1–4　智谱清言

【推荐理由】

智谱清言在中英文语言处理，尤其是中文理解和生成方面表现优异。它同样是进行文献挖掘与知识合成的得力工具，适用于：

一是深度文本理解与分析。对复杂的学术论述进行细致的分析，例如识别作者的隐含假设、论证逻辑链条或评价字里行间的语气。

二是结构化信息抽取。基于用户定义的模板，从多篇文献中自动抽取出关键信息（如研究目的、样本量、主要结果指标、*P* 值等），整理成表格。

三是观点对比与差异分析。输入两段或多段来自不同文献的文本，要求 AI 精准地比较它们在观点、方法或结论上的异同。

四是文献主题建模初探。对于小规模的文献集合（将摘要或关键词输入），可以尝试让 AI 初步识别其中潜在的主题簇。

需要补充的是，国内 AI 大模型生态十分丰富，Kimi、智谱清言、DeepSeek、通义千问、豆包以及讯飞星火、腾讯的混元等，均具备强大的文本处理和问答能力，可在此类任务中根据个人偏好和具体需求选用。

【应用示例】

场景：一位教育学高校师生阅读了两篇关于“项目式学习（PBL）对学生批判性思维能力影响”的实证研究论文，想快速比较两者的方法学差异。

提示词（prompt）：我将粘贴两篇关于 PBL 对批判性思维影响研究论文的方法部分摘要。请帮我比较这两项研究在以下几个方面的异同：①研究设计（例如，实验组与对照组设置，准实验与真实验）；②参与者特征（例如：学段，学科背景）；③批判性思维能力的测量工具；④数据分析方法。请以表格形式呈现对比结果。

（三）本章小结与展望

本章围绕“前沿文献追踪与深度知识挖掘”这一核心需求，介绍了国内优秀 AI 工具。无论是借助 Kimi 等长文本模型处理分析海量文本，依托秘塔 AI 等专业工具进行智能搜索与阅读，还是利用智谱清言、DeepSeek、豆包等众多优秀大模型进行快速信息获取、问答与初步分析，都展现了 AI 在革新传统文献研究范式上的巨大潜力。我们鼓励高校师生根据具体任务需求，灵活组合使用这些工具，例如，使用秘塔 AI 进行初步文献发现与筛选，利用 Kimi 处理和整合大量文献，借助通义千问、智谱清言等进行快速问答、概念解释和初步分析。始终牢记，AI 是提升效率、拓展思路的利器，但研究的深度与质量最终取决于高校师生自身的批判性思维、严谨态度与不懈探索。

三、高阶学术写作与跨语言表达

（二）场景定义与核心挑战

学术写作不仅是知识传递的载体，更是思维过程的展现。一篇优秀的学术作品，除了要求内容翔实、数据可靠，还需要具备清晰的逻辑结构、严谨的论证推理、精准的语言表达以及符合学术规范的风格。尤其对于旨在冲击高水平期刊或进行国际交流的高校师生而言，跨越语言障碍，用地道、专业、流畅的语言（特别是英文）呈现研究成果，更是一项严峻的挑战。

本类别聚焦于利用 AI 工具，超越基础的语法拼写检查，深入到学术写作的高阶层面，旨在帮助用户：

一是优化逻辑与结构。辅助构建清晰的篇章结构，梳理段落间的逻辑关系，增强论证的说服力。

二是精炼语言与表达。提升语言的精准度、简洁性和专业性，避免模糊不清或冗余的表述，使行文更流畅、更具可读性。

三是适应语境与风格。根据目标高校师生（如期刊审稿人、会议听众）和文体要求（如论文、报告、摘要），调整语言风格和语气。

四是提升跨语言质量。辅助进行高质量的中英文互译，并对翻译后的文本进行润色，使其达到接近母语水平的表达效果，尤其是在准备国际发表时。

AI 在这一领域的价值在于，它可以作为一位不知疲倦的“写作伙伴”和“语言专家”，提供建议、启发思路、打磨细节，但最终的思考、判断和创造，仍需由本人完成。严禁将 AI 直接生成的文本作为个人原创成果提交，避免学术不端。

（二）推荐工具详解与应用实例

以下精选了多款工具，涵盖国内主流大模型及专业的写作辅助软件，共同助力高阶学术写作与表达。

1. 通用大模型

（1）讯飞星火（图 3-1-5）

网址：https://xinghuo.sfyun.cn

图 3-1-5　讯飞星火

（2）通义千问（图 3-1-6）

网址：https://www.tongyi.com

图 3-1-6　通义千问

（3）文心一言（图 3-1-7）

网址：https://yiyan.baidu.com

图 3-1-7　文心一言

（4）腾讯混元（图 3-1-8）

网址：https://hunyuan.tencent.com

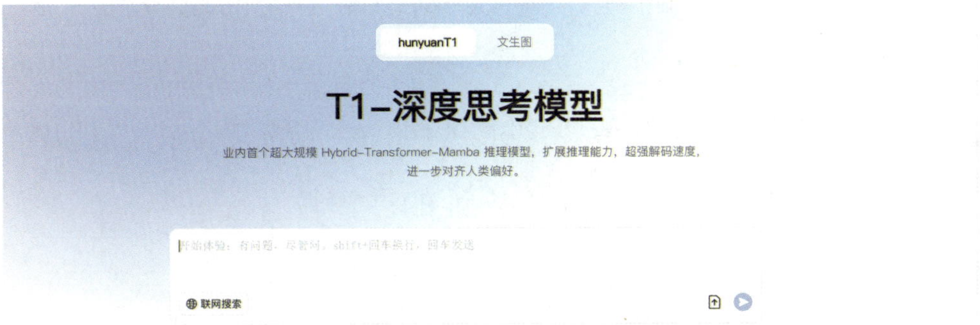

图 3-1-8　腾讯混元

【推荐理由】

国内主流的通用大语言模型，如讯飞星火、通义千问、文心一言、腾讯混元、Kimi、智谱清言、DeepSeek、豆包等，凭借其强大的自然语言理解与生成能力、广泛的知识覆盖，已成为辅助高阶学术写作不可或缺的通用型工具。它们能够深度介入写作流程的多个环节，提供智能化支持，普遍适用于：

一是思路构建与大纲设计。输入研究主题或核心观点，让 AI 生成可能的论文结构或段落提纲建议。

二是段落撰写与扩写。基于关键词、核心句或简要思路，辅助生成段落初稿或对现有内容进行扩展。

三是句子改写与表达优化。对表达不清、结构冗余或过于口语化的句子进行改写和润色，提供多种备选方案。

四是逻辑关系梳理。检查段落或章节间的逻辑连接是否顺畅，并提出改进建议。

五是反驳论点思考。要求 AI 针对你的某个论点提出可能的反驳意见，帮助完善论证的严密性。

【应用示例】

场景 1：一位学生在撰写论文的讨论部分时，感觉某段论证不够有力，未能充分联系研究结果与现有理论。

提示词（prompt）：我正在写论文的讨论部分，这是我的研究结果概要：[简述核心结果]。这是我试图论证的观点：[陈述观点]。这是我写的初稿段落：[粘贴初稿段落]。请你扮演一位资深研究员，帮我评估这段话的论证力度。它是否清晰地将我的结果与 [提及相关理论] 联系起来了？请提出具体的修改建议，并且帮我重写这一段，使其逻辑更严密，表达更专业，更能体现研究的意义。

场景 2：一位学生完成了社会调查报告的初稿，但感觉语言有些平淡，希望提升表达的专业度和学术感。

提示词（prompt）：这是我社会调查报告中的一段："我觉得很多人上网主要是为了打发时间，随便看看新闻什么的。"请帮我把这句话改写得更书面化、更符合学术报告的语言风格，使用更精确的词语，例如描述上网动机或行为类型。请提供几个不同的改写版本供我参考。

2. 秘塔写作猫（图 3-1-9）

专注于写作的 AI 工具。

网址：https://xiezuocat.com

图 3-1-9　秘塔写作猫

【推荐理由】

秘塔写作猫是国内团队开发的专注于写作场景的 AI 工具，相比通用大模型，它在文本校对、润色、风格优化等方面可能提供更细致、更贴合写作需求的功能。适用于：

一是深度文本纠错。不仅能检查基础的拼写、语法错误，还能识别搭配不当、语义重复、逻辑矛盾等更深层次的问题（尤其擅长中文）。

二是智能润色与表达提升。提供同义词替换、句式优化、表达增强等建议，使语言更生动、更精准。

三是风格规范与一致性检查。辅助检查全文的术语使用、格式规范是否统一。

四是辅助查重提示。集成或链接查重功能，帮助用户在提交前检查文本原创性。

【应用示例】

场景：一位人文学科的学生完成论文草稿后，希望全面检查语言表达的准确性和流畅性。

应用流程：将论文全文导入或粘贴到秘塔写作猫。启动全面检查功能。逐条查看系统标记出的潜在问题（如用词不当、表述累赘、标点误用等）。对于系统建议的修改，点击查看详情或替换选项，结合自己的判断决定是否接受。特别关注那些涉及核心概念或论证关键点的语句的润色建议。

3. DeepL Write/Grammarly（提升英文写作质量的工具）

（1）DeepL Write（图 3-1-10）

网址：http://www.deepl.com/zh/write

图 3-1-10　DeepL Write

（2）Grammarly（图 3-1-11）

网址：https://www.grammarly.com

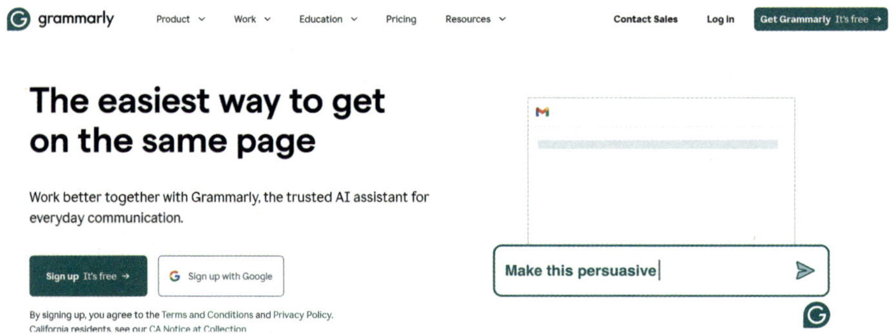

图 3-1-11　Grammarly

【推荐理由】

对于需要用英文撰写论文、报告或进行国际学术交流的学生来说，这两款国际工具几乎是必备的。它们在提升英文写作的地道性、专业性和规范性方面功能强大。

DeepL Write: 专注于文本改写和润色，利用其强大的翻译引擎背景，能够将非母语者写的英文句子改写得更自然、更流畅、更符合目标语境的表达习惯，提供多种风格选项（如更简洁、更正式）。

Grammarly: 提供全方位的写作检查，包括高级语法、标点、拼写纠错，还覆盖清晰度、简洁性、参与度、语气、词汇丰富度、句子多样性等多个维度，并能根据设定的写作目标（如学术论文）提供针对性建议，还包含抄袭检测功能。

需要注意的是，使用这些国际服务应了解其数据隐私政策，避免上传高度敏感的未发表研究内容。

【应用示例（使用 DeepL Write）】

场景：一位理工科学生将中文论文的核心摘要翻译成了英文，但感觉表达不够地道，希望进行润色以投稿国际期刊。

提示词及操作：将翻译好的英文摘要粘贴到 DeepL Write 的编辑框中，选择目标语言为英语，查看 DeepL Write 提供的改写版本，重点关注词语选择、句式结构和表达流畅度的改进。选择最贴合原意且表达最专业的版本，或结合多个版本的优点进行修改。

（三）本章小结与展望

综合运用国内主流大模型进行思路构建和初稿撰写，结合秘塔写作猫等专业工具进行校对润色，再借助 DeepL Write 或 Grammarly 等国际工具打磨英文表达，可以显著提升学术写作的质量和效率。AI 的介入，使得高校师生能将更多精力聚焦于研究本身的深度与创新。然而，精湛的写作能力并非一蹴而就，AI 工具的有效使用依赖于使用者自身写作素养的不断提升和对工具建议的审慎判断。

四、复杂数据建模、分析与解读

（一）场景定义与核心挑战

随着科研范式的演进和数据获取能力的提升，高校师生在研究中面临的数据日益呈现出高维度、大体量、复杂结构的特点。传统的统计方法和数据处理手段有时难以完全应对，而前沿研究（尤其是在理工科、医学、经济学、社会学等领域）则越来越多地需要借助复杂的统计建模、机器学习模型乃至深度学习技术来挖掘数据中隐藏的规律、预测未来趋势或模拟复杂系统。这一过程不仅对高校师生的数理统计和编程能力提出了更高要求，更在模型的选择、参数的调优、结果的解读以及潜在偏见的识别等方面带来了新的挑战。

本类别聚焦于探讨如何运用 AI 工具，特别是国内主流的大语言模型和人工智能云平台，来辅助高校师生应对这些挑战，核心目标在于：

一是提升建模效率。利用 AI 辅助生成数据处理、模型构建、参数调整所需的代码，加速建模进程。

二是深化结果解读。借助 AI 的知识整合与推理能力，更深入地理解复杂模型（如机器学习模型）的输出结果、评估模型性能、解释变量间的非线性关系。

三是辅助方法选择。基于研究问题和数据特征，利用 AI 获取关于选择合适统计方法、机器学习算法或模型验证策略的建议。

四是降低技术门槛。通过自然语言交互，使对编程或特定算法不甚精通的高校师生也能在一定程度上利用先进的数据分析工具。

五是促进模式发现。在探索性数据分析中，利用 AI 辅助识别数据中可能存在的非显性模式、异常值或潜在关联。

AI 在此领域的角色是“分析助理”和“智能顾问”，能够处理繁琐任务、提供知识支持、启发分析思路，但最终的分析设计、结果判断和科学结论的得出，仍需以高校师生自身的专业知识、批判性思维和对研究背景的深刻理解为基础。

（二）推荐国内 AI 工具与平台详解

以下将介绍几类在国内易于获取并适用于复杂数据分析场景的 AI 工具与平台。

1. 通用大模型

DeepSeek: https://chat.deepseek.com

Kimi: https://www.kimi.com

文心一言 : https://yiyan.baidu.com

智谱清言 : https://chatglm.cn

【推荐理由】

以 DeepSeek、Kimi、文心一言、智谱清言等为代表的国内主流通用大语言模型，凭借其强大的自然语言理解、代码生成与知识整合能力，已成为辅助大学生进行复杂数据建模、分析与解读的得力工具。它们能够显著降低编程门槛、加速分析进程、并深化对统计方法与模型结果的理解。这类模型在数据分析全流程中普遍适用于：

一是代码生成。针对具体的数据分析任务（如使用 Python 的 Pandas 库进行数据清洗、使用 Matplotlib 或 Seaborn 进行特定图表绘制、使用 Scikit-learn 构建基础机器学习模型），根据自然语言描述生成相应的代码片段。

二是代码解释与文档查询。对不熟悉的函数、库用法或复杂的代码逻辑进行解释说明，或快速查询相关文档信息。

三是代码调试与错误修复。粘贴报错信息和相关代码，请求 AI 分析错误原因并提供修复建议。

四是跨语言代码转换。在一定程度上辅助将某种统计软件（如 SPSS 的部分语法）或语言（如 R）的代码逻辑转换为另一种语言（如 Python）。

五是统计概念解释。解释 P 值、置信区间、效应量、假设检验原理、不同分布的特性等统计学核心概念。

六是模型结果解读。对常见的统计模型（如回归分析、方差分析）或机器学习模型（如决策树、聚类）的输出结果（系数、R 方、混淆矩阵、特征重要性等）进行解释，说明其含义和局限性。

七是方法选择咨询。基于研究目的、数据类型（连续、分类、时间序列等）、样本量等信息，建议合适的统计检验方法、预测模型或降维技术。

八是假设验证与论证辅助。帮助检查分析逻辑是否严谨，结果的解读是否合理，或者从不同角度审视研究假设。

国内其他如通义千问、讯飞星火、腾讯混元、豆包等大模型，同样具备强大的知识问答和分析解释能力，可作为此场景下应用的备选工具。

【应用示例】

场景 1：一位进行量化金融研究的学生，需要用 Python 计算某股票指数的滚动年化波动率，但不熟悉 Pandas 的相关函数。

提示词（prompt）：请帮我用 Python 写一段代码：假设我有一个名为 'index_data' 的 Pandas DataFrame，其中包含名为 'Date' 的时间索引列和名为 'Close' 的收盘价列。我需要计算基于过去 252 个交易日（约一年）收盘价日收益率的滚动年化标准差（即滚动年化波动率）。请使用 pandas 库实现，并将结果存储在新的一列，命名为 'AnnualizedVolatility'。请给出完整的代码片段并稍作解释。

场景 2：一位从事社会学研究的高校师生使用多元线

性回归模型分析影响居民幸福感的因素，得到了回归结果表，但不确定如何全面解读。

提示词（prompt）：我进行了一项关于居民幸福感影响因素的多元线性回归分析，这是主要的回归结果：[粘贴回归系数表，包含变量名、系数（coefficient）、标准误（Std.Err.）、t 值、P 值（$P>|t|$）、R 方（R-squared）等信息]。请帮我解读一下这个结果：①模型的整体拟合效果如何（基于 R 方）？②哪些自变量对幸福感有显著的统计学影响（假设显著性水平为 0.05）？③对于显著的变量，如何解释其系数的含义（例如，[某个显著变量] 的系数是 0.8，意味着什么）？④解读这些结果时需要注意哪些潜在的假设或局限性？

2. 国内云平台 AI 服务（代表：阿里云人工智能平台 PAI/ 百度智能云）

阿里云人工智能平台 PAI:https://www.aliyun.com/product/pai

百度智能云 :https://cloud.baidu.com

【推荐理由】

对于需要进行大规模数据处理、复杂机器学习或深度学习模型训练与部署的研究任务，国内主流云服务商提供的 AI 平台是重要选择。它们提供了超越本地计算资源和通用 LLM 代码辅助能力的专业级、可扩展的 AI 开发与应用环境：

一是大规模模型训练。提供 GPU/TPU 等高性能计算资源，支持分布式训练，适用于处理海量数据和训练深度神经网络等复杂模型。

二是自动化机器学习（AutoML）。提供自动化模型选择、特征工程、超参数调优的功能，降低复杂模型的使用门槛，快速获得基准模型。

三是预置算法与模型库。提供丰富的常用机器学习算法和预训练模型（如图像识别、自然语言处理领域），可直接调用或进行迁移学习，加速研究应用。

四是工作流编排与管理。提供图形化界面或 SDK，方便构建、管理和调度复杂的数据处理与模型训练工作流。

【应用示例】

场景：一位医学影像研究团队拥有大量标注好的胸部 X 光片数据集，希望快速构建一个能够辅助诊断特定肺部疾病（如肺炎）的图像分类模型，但团队在深度学习模型调优方面经验有限。

应用流程（概念性）：将标注好的数据集上传至阿里

云对象存储（OSS）。在 AI 平台启动一个 AutoML 图像分类任务。配置任务参数，指定数据集来源、目标标签列、期望的优化指标（如准确率、AUC）和训练时长及预算。启动任务后，AI 平台会自动尝试多种模型架构和超参数组合，并最终给出一个或多个性能较优的模型及其评估报告。研究团队可以基于此结果进行进一步分析或部署。

（三）本章小结与展望

人工智能正深刻地改变着复杂数据建模、分析与解读的方式。从利用 DeepSeek、Kimi 等大模型高效生成与调试分析代码，到借助文心一言、智谱清言等大模型深入理解统计概念与解读结果，再到运用阿里云 PAI、百度智能云等云平台处理大规模机器学习任务，国内丰富的 AI 工具为高校师生提供了强大的支持。然而，数据分析的灵魂在于研究问题本身和对结果的审慎判断。AI 可以极大提升效率和扩展能力边界，但无法替代高校师生的领域知识、统计素养和对数据背后现实世界的洞察力。同时，在使用 AI 进行数据分析时，必须高度关注数据的隐私保护、算法的公平性与透明度等伦理问题。

五、专业领域代码生成与程序优化

（一）场景定义与核心挑战

学术研究中的编程任务往往超越了通用软件开发的范畴，呈现出高度的专业性、领域性与定制化特征。高校师生可能需要：

一是调用专业库与API。使用特定学科领域的计算库。

二是实现定制算法。将论文中描述的复杂算法或数学模型（可能以伪代码形式呈现）转化为可执行的程序代码（常用 Python，R，Matlab，C++，Fortran 等）。

三是优化计算性能。针对计算密集型任务（如大规模模拟、复杂模型训练、海量数据处理），优化代码以提高执行效率、减少资源消耗。

四是调试领域特定问题。解决在专业软件环境或特定硬件交互中出现的、非标准的编程错误和逻辑问题。

这些任务不仅要求高校师生具备扎实的编程基础，还需要深入的领域知识和对特定工具、库、算法的熟悉度。AI 代码生成与优化工具的出现，为应对这些挑战提供了强大的辅助手段，有助于降低实现门槛、加速开发进程、提升程序性能。

（二）推荐 AI 工具与平台详解

以下介绍的工具既包括能力全面的通用大模型，也涵盖了专注于代码场景的国内 AI 编程助手。

1. 通用大模型

DeepSeek：https://chat.deepseek.com

智谱清言：https://chatglm.cn

【推荐理由】

以 DeepSeek 和智谱清言为代表的国内顶尖大语言模型，凭借其强大的代码理解和生成能力，能够有效辅助高校师生处理涉及专业库调用和复杂算法实现的任务。它们适用于：

一是专业库代码示例生成。根据用户需求，生成使用特定科学计算库（如使用 Python 的 SciPy.optimize 进行优化计算、使用 Biopython 进行基因序列分析、使用 Astropy 处理天文数据等）的代码片段。

二是算法伪代码翻译。将论文中描述的算法步骤（伪代码或文字描述）翻译成特定编程语言（如 Python，Matlab）的可执行代码框架。

三是 API 接口代码生成。如果用户能提供清晰的硬件 API 文档或接口说明，可以尝试让 AI 生成初步的设备控制或数据读取代码。

四是代码逻辑解释。对来自专业领域软件的复杂代码片段或开源研究项目中的核心算法进行解释。

【应用示例】

场景：一位生物信息学高校师生需要使用 Biopython 库从一个 FASTA 格式的文件中读取所有蛋白质序列，并计算它们的平均长度。

提示词（prompt）：请帮我用 Python 和 Biopython 库写一个脚本 : 读取名为 'proteins.fasta' 的 FASTA 文件，遍历其中的所有蛋白质序列，计算这些蛋白质序列的平均长度，并输出结果。请包含必要的导入语句（from Bio import SeqIO）和文件读取逻辑。

2. 专用 AI 编程助手

通义灵码 :https://lingma.aliyun.com（通常作为 IDE 插件使用）

CodeGeeX：https://codegeex.cn

【推荐理由】

通义灵码是阿里巴巴达摩院推出的专用AI编程助手，通常以 IDE（如 VS Code，JetBrains IDEs）插件形式存在，提供实时、沉浸式的代码智能辅助，特别是在代码优化和实现环节。源自清华大学的 CodeGeeX，专注于代码能力，特色在于多语言支持（Python，C++，Java，JavaScript，Go 等）和代码翻译，同样提供 IDE 插件。适用于：跨语言代码生成、智能补全、代码翻译、代码注释 / 解释。它们可以：

一是智能代码补全与生成。在编写代码时，根据上下文实时推荐代码片段，甚至整段函数实现。

二是代码优化建议。对选中的代码块进行分析，提出性能优化、代码重构或简化逻辑的建议。

三是单元测试生成。辅助生成单元测试代码，提高代码质量和鲁棒性。

四是代码注释生成与解释。自动为代码段生成注释，或解释选中代码的功能。

对于它们提出的优化建议或生成的复杂代码，如果对其背后的算法原理或优化策略不理解，可以进一步求助其他通用大模型进行深入解释。

【应用示例】

场景：一位进行计算流体力学（CFD）模拟的高校师生发现其 Python 数据后处理脚本中的一个嵌套循环非常

耗时，希望进行优化。

应用流程：在 IDE 中选中该耗时的嵌套循环代码块。右键或使用快捷键调出通义灵码的功能菜单，选择“代码优化”或类似选项。查看灵码提出的优化建议（例如，可能建议使用 NumPy 的向量化操作替代循环）。如果接受建议，可以直接应用修改。如果对建议的向量化原理不清楚，请将相关概念（如 NumPy broadcasting）复制到通义千问中请求解释。

3. 国外 AI 编程工具生态

GitHub：https://github.com/features/copilot

【推荐理由】

国外 AI 编程助手工具发展迅速，了解 GitHub Copilot 这一代表性产品有助于为评估和使用国内外同类工具提供参考。

（三）本章小结与展望

AI 技术正以前所未有的方式赋能专业领域的代码开发与优化。无论是利用 DeepSeek、智谱清言等通用大模型生成调用特定的代码、理解复杂算法，还是借助通义灵码、CodeGeeX 等专业 AI 编程助手在 IDE 中获得实时智能提示、代码优化建议乃至跨语言翻译，国内丰富的AI工具生态为高校师生提供了强有力的支持。它们能够显著缩短将科研想法转化为可执行程序的时间，并有助于提升代码质量和运行效率。然而，AI生成和优化的代码并非完美，仍需高校师生结合自身的领域知识和编程经验进行严格的审查、测试和调整。掌握人机协作的编程范式，让AI处理繁复的实现细节，使高校师生能更专注于核心的科学问题，将是未来科研编程的重要趋势。

六、个性化学习与知识建构

（一）场景定义与核心挑战

基础教育后的学习不再是以知识接收为主的模式，而更加强调自主学习、深度理解、知识内化与体系建构。然而，面对日益增长的知识密度、抽象复杂的理论以及不同学科间的交叉融合，高校师生常常面临以下挑战：

一是学习节奏与风格差异。标准化的教学内容难以满足所有学习者个性化的学习节奏、认知风格和知识背景。

二是概念理解障碍。许多核心概念（尤其在数理、工程、医学、哲学等领域）抽象难懂，需要反复琢磨和多角度阐释。

三是知识碎片化。获取的信息来源多样，容易导致知识点零散、缺乏系统性，难以形成融会贯通的知识体系。

四是被动学习倾向。传统的阅读、听讲模式容易陷入被动接收，缺乏主动探究和深度思考的动力。

AI 技术的引入，为打破标准化教学的局限、实现真正的个性化学习、促进深度知识建构提供了革命性的可能。本类别旨在探讨如何运用AI工具，将学习过程从“单向灌输”转变为“交互赋能”，核心目标包括：

一是个性化辅导与答疑。利用 AI 扮演“随时在线”的智能导师，提供定制化的概念解释、问题解答和学习引导。

二是学习资源智能生成。借助 AI 从现有资料中生成个性化的学习辅助材料，如摘要、大纲、练习题、记忆卡片等。

三是知识管理与关联。通过AI增强的知识管理工具，帮助学习者高效组织、关联、回顾和应用所学知识，构建个人知识网络。

四是模拟与体验式学习。尤其在理工医领域，探索利用 AI 辅助进行仿真实验或系统模拟，通过实践加深对复杂原理的理解。

未来 AI 将充当“个性化学习伙伴”和“知识架构师助理”，致力于满足每个学习者的个性化需求，激发学习兴趣，提升认知效率，但最终的学习效果仍取决于学习者自身的主动投入、积极思考和持续实践。

（二）推荐 AI 工具与平台详解

以下介绍几类能够有效支持个性化学习与知识建构的国内 AI 工具及应用方式。

1. 通用大模型

豆包：https://www.doubao.com

DeepSeek：https://chat.deepseek.com

Kimi：https://www.kimi.com

讯飞星火 : https://xinghuo.xfyun.cn

智谱清言 : https://chatglm.cn

【推荐理由】

以上述模型为代表的国内主流通用大语言模型，是实现个性化学习与知识建构的强大引擎。它们凭借先进的自然语言交互、知识整合与内容生成能力，能够扮演智能导师、学习助手和内容创作者等多重角色，有效打破传统学习模式的局限，提升学习效率和深度。这类模型在个性化学习与知识建构方面普遍适用于 :

一是智能辅导与答疑解惑。提供概念深度解释（可多角度、举例说明），进行启发式提问引导思考，呈现不同学术观点，甚至模拟特定对话或辩论场景。

二是学习内容生成与重构。根据现有学习资料（教材、笔记、文献）智能生成摘要、大纲、关键词列表；制作个性化学习辅助材料（如闪卡、练习题、思维导图框架）；辅助将复杂知识进行转述或用学习者自己的方式重构。

三是学习规划与评估辅助。辅助制定初步的学习或复习计划；根据学习内容生成测验题，并对回答进行初步评估反馈。

【应用示例】

场景 1：一位学习宏观经济学的学生对“凯恩斯主义”的核心思想理解不深，对其与古典经济学的区别感到困惑。

提示词（prompt）：请扮演一位资深经济学教授，用通俗易懂的语言向我解释一下凯恩斯主义的核心观点是什么？它与古典经济学的主要分歧在哪里？结合 20 世纪 30 年代大萧条的历史背景来谈谈凯恩斯主义产生的意义？（后续可以追问：“您刚才提到的‘有效需求不足’具体指什么？”或者“那么根据凯恩斯主义，政府应该如何干预经济？”）

场景 2：一位医学生需要复习一本厚厚的《生理学》教材中的“神经系统”章节，希望制作一套该章节关键概念的复习卡片。

提示词（prompt）：我上传了《生理学》教材中关于“神经系统”章节的 PDF。请帮我通读这一章节，识别出其中最重要的核心概念和关键术语（20~30 个），并为每一个概念或术语制作一张“闪卡”。每张闪卡包含正面（概念或术语名称）和反面（简洁清晰的定义或解释）。请将所有闪卡的正面和反面内容整理成一个列表或表格给我。

2. AI 增强的知识管理工具

FlowUs 息流：https://flowus.cn

印象笔记：https://www.yinxiang.com

Notion：https://www.notion.so（国际产品，可作为功能参考）

其他：如有道云笔记、WPS 智能文档等国内常用文档或笔记工具也在逐步集成 AI 能力。

【推荐理由】

知识的价值不仅在于获取，更在于有效的组织、关联、回顾与应用。现代化的个人知识管理（PKM）工具正越来越多地集成 AI 能力，将 AI 无缝嵌入到学生的笔记记录、资料整理和知识体系构建的工作流中：

一是笔记内容智能处理。对单篇或多篇笔记进行一键摘要、提取关键要点、生成待办事项、翻译内容。

二是知识库智能问答。基于用户个人笔记库中的全部内容，回答用户的提问，帮助快速找到所需信息或发现笔记间的隐藏联系。

三是内容辅助创作。在笔记内部，利用 AI 辅助撰写段落、进行头脑风暴、检查语法或改写表达。

四是自动化整理与标签（部分高级功能）。可能利用 AI 辅助对笔记进行自动分类、打标签或建立关联链接。

【应用示例】

场景：一位学生在不同课程、阅读和思考中积累了大量关于“可持续发展”主题的笔记，散落在 FlowUs 的多个页面中，现在需要为期末论文整合这些想法。

提示词（在 FlowUs AI 的问答或相关功能中）：请在我所有的笔记中，查找关于“可持续发展的经济维度”的相关内容，并总结出主要的观点和案例。或者基于我笔记库里关于“可持续发展目标”的内容，生成一个关于如何在校园内实践的初步行动方案框架。

（三）本章小结与展望

AI 为实现个性化学习和促进深度知识建构开辟了广阔前景。从扮演不知疲倦的智能导师，到高效生成定制化学习资源，再到无缝融入知识管理流程，AI 正使得学习过程更加适应个体需求、更具交互性、也更有深度。然而，技术始终是辅助。真正的学习效果源于学习者内在的驱动力、专注的投入、批判性的反思以及将知识付诸实践的努力。拥抱AI带来的便利，更要坚守主动学习、深度思考的核心阵地。

七、创意生成与多媒体创作

（一）场景定义与核心挑战

学术研究与学习不仅包含严谨的逻辑推理和数据分析，同样需要创新思维、形象表达与有效沟通。无论是构思新颖的研究课题、设计独特的实验方案，还是将复杂的研究成果以生动、直观的方式呈现给同行或公众，创造力与表现力都至关重要。然而，以下挑战普遍存在：

一是创意瓶颈。面对空白的文档，常常难以产生突破性的想法或新颖的视角。

二是表达形式单一。过于依赖文字表述，缺乏利用图像、图表、动画等多媒体手段增强信息传达效果的能力。

三是创作耗时费力。设计一张专业的信息图、制作一段简洁的演示动画或生成一个概念性的三维模型，往往需要投入大量时间学习专业软件使用。

四是视觉化抽象概念困难。将抽象的理论、复杂的模型或不可见的科学现象转化为易于理解的视觉形式，本身就是一项创造性挑战。

AI 技术，特别是生成式 AI 的飞速发展，为激发学术创意、丰富表达手段、提升创作效率带来了革命性的工具。本类别旨在探讨如何运用 AI，辅助高校师生在学术场景中进行创意构思、视觉设计乃至多媒体内容的初步创作。

（二）推荐国内 AI 工具与平台详解

以下介绍的工具涵盖了从文本创意激发到图像、演示文稿乃至音视频元素生成的多个方面。

1. 通用大模型

DeepSeek：https://www.deepseek.com

Kimi：https://www.kimi.com

【推荐理由】

大语言模型是激发文本层面创意的强大引擎。它们能够理解复杂的背景信息，并基于此进行发散性思维和结构化输出，适用于：

一是研究问题头脑风暴。输入研究领域、现有文献摘要或初步想法，让 AI 从不同角度生成大量潜在的研究问题、研究假设或创新的研究切入点。

二是实验或项目设计构思。基于研究目标和约束条件，辅助构思实验方案的初步框架、设计独特的调查问卷结构或社会实践活动方案。

三是跨学科联想。提出一个概念或问题，要求 AI 从其他学科（如物理学、艺术、社会学）的角度进行类比或联想，激发跨界思考。

四是创意写作辅助。撰写研究故事、项目介绍、科普文章、演示文稿讲稿时，辅助构思引人入胜的开篇、生动的案例或富有启发性的结尾。

需要说明的是，通义千问、讯飞星火、腾讯混元、豆包等国内主流大模型在此类任务中同样表现出色，可根据具体需求和个人体验选用。

【应用示例】

场景：一个跨专业（比如物理、艺术、计算机）的学生团队，想为一个校内科技文化节设计一个既能展示学科特色又充满趣味的互动展项。目前只有初步想法："用有趣的方式展现某个物理原理。"他们需要大量不受限的创意点子。

提示词（prompt）：我们是来自物理、艺术和计算机专业的学生团队，正在为校内科技文化节策划一个互动展项。我们想用一种特别有趣，让人耳目一新的方式来展示"量子纠缠"这个物理概念。请帮我们头脑风暴一些超级有创意、有点"疯狂"但能让普通同学也能感受到其中奇妙之处的互动展项概念。请大胆联想，可以结合艺术装置、游戏机制、虚拟现实、声音互动等各种形式。

2. 国内 AI 图像生成平台

豆包：https://www.doubao.com

通义万相：https://tongyi.aliyun.com/wanxiang

【推荐理由】

豆包和通义万相是国内大型科技公司推出的主流 AI 图像生成平台，能够根据文本描述生成多种风格的图片。它们为学术内容的视觉化表达提供了便捷工具，适用于：

一是概念性插图与隐喻。为演示文稿、科普文章或研究报告生成能够形象表达抽象概念、理论模型或研究主题的插图。

二是视觉化场景或案例。生成描绘特定历史场景、社会现象、实验设置（示意性）或未来设想的图像。

三是激发设计灵感。在工程设计、建筑设计、艺术创作等领域，输入初步想法生成多种视觉概念原型，激发进一步的设计。

四是研究中的视觉刺激物。在心理学、市场营销等研究中，按需生成特定内容、风格或情感色彩的图像作为实验材料（需注意版权和伦理问题）。

【应用示例】

场景：一位社会学专业的学生在做关于“数字鸿沟”的公众演讲 PPT，希望用一张图片直观展示信息获取的不平等。

提示词（prompt）：请生成一张插画风格的图片，描绘一个对比场景：一边是一个现代化的城市环境，人们（多元化人群）轻松地使用各种电子设备（手机、电脑、VR 眼镜）获取信息；另一边则是一个相对落后的环境（例如乡村或老旧社区），人们（老年人或儿童）渴望信息但缺乏设备或网络连接，眼神显得迷茫或被隔绝。画面需要体现出明显的“鸿沟”感，色彩对比可以强烈一些。

风格：扁平化插画。

3. AI 驱动的演示文稿工具

AiPPT（图 3–1–12）：https://www.aippt.cn

图 3–1–12 AiPPT

【推荐理由】

制作结构清晰、视觉美观的演示文稿（PPT）是学术交流的基本功，以 AiPPT 为代表的 AI 工具能够极大地简化和加速演示文稿的创建过程：

一是“一句话生成 PPT”。输入演示主题或核心内容，AI 自动生成包含标题页、目录、内容页、结尾页的完整演示文稿框架。

二是文档或笔记转 PPT。将 Word 文档、Markdown 笔记或文本大纲直接转换为结构化的演示文稿。

三是智能排版与设计。AI 自动推荐合适的页面布局、配色方案、字体搭配，并能根据内容智能插入相关的图片或图标（部分工具支持 AI 生成图片）。

四是内容摘要与提炼。辅助将冗长的文本内容提炼为适合在幻灯片上展示的要点。

【应用示例】

场景：一位准备参加学术会议的高校师生，需要根据已撰写的论文摘要快速制作一个 10 分钟的口头报告 PPT 初稿。

应用流程：打开工具入口，选择“根据内容生成”或类似选项，将论文摘要（或更详细的提纲）粘贴到输入框中，指定期望的页数，让 AI 生成 PPT 初稿。生成后，逐页检查内容的相关性和准确性，补充详细的研究方法、结果图表、讨论要点，调整布局和设计，替换相应的图片。

4. AI 音视频生成与编辑工具

剪映：https://www.capcut.cn

可灵：https://klingai.com/cn

海螺 AI：https://hailuoai.com/video

国际工具参考：

Runway：https://runwayml.com，Pika：https://pika.art

【推荐理由】

AI 在音频合成和视频生成及编辑领域的应用正在快速发展，许多实用功能已集成到现有平台。国内如字节跳动的剪映 App 集成了丰富的 AI 视频编辑功能，并且在语音合成方面技术领先，可用于：

一是 AI 配音。将演示文稿讲稿或其他文本转换为自然流畅的语音，用于制作视频旁白或有声读物。

二是 AI 数字人播报。输入文本，由 AI 生成的虚拟数字人进行视频播报，适用于制作课程介绍、信息发布等。

三是图文成片。输入文字稿和相关图片素材，AI 自动匹配画面、添加转场和背景音乐，快速生成信息类短视频。

四是图文生成视频。先进的视频生成工具，已能够根据文本描述或静态图像，生成具有较高质量和一定复杂度的短视频片段、动态视觉效果，或将静态图片转化为动态视频。这些功能可为演示或研究提供强大的视觉元素支持，例如用于动态可视化抽象概念或复杂过程（如分子运动、历史演进）、为研究成果制作演示动画、或生成难以实际拍摄的场景（如微观世界、宇宙现象）的示意性视频。国际上如 Runway、Pika 等工具亦不断发展，可共同关注其技术进展。

【应用示例】

场景 1：一位教师希望为制作的在线教学微课视频添加清晰、标准的普通话旁白。

应用流程：将整理好的课程讲稿文本输入到 AI 平台的文本框中。选择一个合适的发音人（音色、性别、风格）。调整语速、语调、音量等参数。试听并生成配音文件。将生成的音频文件导入视频编辑软件与画面进行合成。

场景 2：一位艺术史高校师生有一张描绘古代庆典场景的静态绘画图片，希望生成一段短视频，让画中人物有轻微的、符合情境的动态，以用于教学演示。

提示词：基于我上传的这张古代庆典绘画图片，生成一段 5 秒钟的短视频。让画面中的人物有细微、自然的动作，例如前景人群的头部轻微转动或低语，背景旗帜有轻微飘动效果。保持原画的风格和色调，整体动态幅度不要过大，营造一种“画活了”的感觉。

场景 3：天文学专业的学生希望生成一小段动画来展示物质被吸入黑洞的过程。

提示词：生成一段 10 秒钟的动画短片，宇宙深空背景。中心是一个旋转的、发光的吸积盘，围绕着一个不可见的黑洞。周围的星际气体和尘埃被吸积盘引力捕获，呈螺旋状加速坠入中心区域，并在接近事件视界时变得极亮然后消失。风格:宇宙纪录片，科学写实感，慢镜头。

（三）本章小结与展望

AI 正在成为学术领域创意生成与多媒体创作的有力催化剂。借助智谱清言、Kimi 等大模型，可以有效突破思维定式，激发创新火花；利用豆包等图像生成平台，能够快速将抽象概念视觉化；通过 AiPPT 等工具，演示文稿的制作效率和美观度得以大幅提升；而剪映等则在音视频内容的智能化生产方面展现出巨大潜力。这些工具将高校师生从繁琐的重复性创作劳动中解放出来，赋予他们更多时间和精力去进行核心的创造性思考和内容打磨。当然，AI 的创意生成仍需人类智慧的引导、筛选和升华。未来的学术交流将更加丰富多彩，而掌握这些 AI 创作工具，无疑将为高校师生的学术表达与影响力加分。

八、实验设计优化与虚拟仿真

（一）场景定义与核心挑战

科学研究的严谨性在很大程度上取决于实验设计的质量与执行的精确性。一个优良的实验设计需要周密考虑变量控制、样本选择、参数设置、对照组设立、结果测量等多个环节，以确保研究的有效性、可靠性和可重复性。同时，在许多领域（尤其是理工医农），进行物理实验往往成本高昂、周期漫长，或者涉及伦理、安全限制。虚拟仿真（simulation）技术作为一种重要的替代或补充手段，允许高校师生在计算机中模拟复杂系统、预测实验结果、探索参数空间，但也伴随着模型构建复杂、参数设置烦琐、结果解读困难等挑战。

AI技术，特别是大语言模型的知识整合与推理能力，以及特定领域 AI 模型的预测能力，为优化实验设计、提升方案可行性、增强虚拟仿真应用效能提供了新的途径。本类别旨在探讨如何利用 AI 辅助进行：

一是实验方案智能构思。辅助高校师生更全面地考虑实验变量、设计对照和实验组、预测潜在混杂因素、选择合适的评价指标。

二是实验参数优化建议。基于现有知识或初步数据，为实验过程中的关键参数提供合理的设置范围或优化建议。

三是实验流程与协议完善。辅助审阅、修订实验操作规程，提高其清晰度、可操作性和安全性，或提供问题排查建议。

四是仿真建模与设置辅助。辅助理解复杂仿真软件的功能与设置，生成仿真模型的配置文件或控制脚本。

五是仿真结果初步解读。对多维度、大体量的仿真输出数据进行初步的模式识别、可视化建议或自然语言解释。

AI在此领域的角色是“设计顾问”“流程优化师”和“仿真助手”，帮助高校师生更系统地思考、更高效地准备、更深入地理解实验与仿真过程，从而节省宝贵的时间与资源，并可能发现传统方法难以触及的优化空间。

（二）推荐国内 AI 工具与应用方式

以下介绍几类 AI 工具及其在实验设计与仿真场景中

的应用潜力。

豆包：https://www.doubao.com

DeepSeek：https://chat.deepseek.com

Kimi：https://www.kimi.com

讯飞星火：https://xinghuo.xfyun.cn

智谱清言：https://chatglm.cn

【推荐理由】

大语言模型能够整合其训练数据中包含的大量科学文献、教科书和网络知识，为实验设计的概念构思阶段提供有价值的参考。它们适用于：

一是研究设计要素检查。输入研究问题和初步设想，让 AI 辅助检查是否遗漏了关键的控制变量、对照组设计是否合理、样本选择是否恰当等。

二是参数范围探索。基于文献中相似研究或理论知识，建议实验中关键参数（如化学反应的温度、药物的剂量范围、社会调查的样本量下限）的合理探索区间。

三是潜在混杂因素识别。提醒高校师生在设计实验时可能需要考虑和控制的潜在混杂变量。

四是可测试假设生成。辅助将模糊的研究想法转化为清晰、可操作、可测试的科学假设。

五是实验操作规程优化。对现有实验步骤进行审查，提出使其更清晰、更简洁、更不易出错的修改建议，或补充必要的安全注意事项。

六是实验问题排查。描述实验中遇到的问题或异常现象，让 AI 基于其知识库提供可能的原因分析和解决方案建议。

七是自动化脚本生成辅助。为需要通过编程控制的实验设备生成初步的控制逻辑代码。

八是仿真输入文件生成。根据自然语言描述的参数和设置，生成特定仿真软件所需的输入文件或配置文件草稿。

【应用示例】

场景 1：一位心理学专业的学生设计了一项实验，研究新型正念训练 App 对大学生焦虑水平的影响，希望检查实验设计是否周全。

提示词（prompt）：我正在设计一项研究，旨在评估一款新的正念训练 App 对大学生焦虑水平的干预效果。我的初步计划是招募一批大学生志愿者，随机分为两组：实验组使用这款 App 进行为期 4 周的正念训练，对照组不进行任何干预。在实验前后使用标准焦虑量表进行测量。请帮我评估一下这个实验设计：①对照组的设计是否足够？是否需要考虑设置一个“安慰剂”对照组（例如，使用一个无关的 App）？②除了焦虑水平，还有哪些潜在的结局指标或过程变量也值得测量？③在招募被试和实施干预过程中，有哪些潜在的混杂因素（如被试的基线焦虑水平、其他压力事件）需要考虑或控制？④样本量大小应该如何初步估计（虽然我还没收集数据，但可以基于类似研究常用的大小给个概念）？

场景 2：一位化学专业学生在执行一个有机合成步骤时，发现产率一直偏低，希望优化反应条件或排查操作问题。

提示词（prompt）：我正在进行一个［简述反应名称］的有机合成实验，按照文献［引用文献或描述关键步骤］操作，但产率一直低于预期。我怀疑可能是以下几个环节有问题：①反应温度控制不精确；②溶剂未经严格无水处理；③搅拌速度不够；④反应时间不足或过长；⑤后处理过程中产物有损失。请基于这些可能性，为我提供一些具体的故障排查建议和实验条件优化策略。例如，应该如何更精确地控制温度？溶剂除水的标准操作是什么？如何判断最佳反应时间？

（三）本章小结与展望

AI 正在为实验设计与虚拟仿真这两个科研关键环节带来深刻变革。通用大语言模型作为智能顾问和助手，能够辅助高校师生构思更周全的实验方案、优化操作流程、更有效地利用专业仿真软件。通过人机协作，高校师生可以将更多精力投入到创新性思考和对核心科学问题的探索上，同时更高效、更经济地利用实验和计算资源。当然，AI 的建议仍需结合领域知识进行审慎评估，仿真结果的有效性最终也依赖于模型假设的合理性和现实世界的检验。实验设计的伦理考量（如动物实验、人类受试者保护）以及仿真模型可能存在偏见，是未来应用中需要持续关注的问题。

九、高效学术交流与成果展示

（一）场景定义与核心挑战

学术研究的价值不仅在于探索未知、产出成果，更在于有效地将这些成果传播给同行、教育给他人、服务于社会。学术交流贯穿于研究的始终，包括撰写研究计划以获取支持、在学术会议上口头报告进展、发表论文以公开成果、参与学术研讨与合作、进行课堂教学与讲座等。然而，在快节奏的学术环境中，有效的交流与展示面临诸多挑战：

一是时间压力与效率要求。撰写摘要、制作演示文稿、准备报告讲稿往往任务繁重且时间紧迫。

二是信息组织与结构化困难。如何将复杂的研究内容组织成逻辑清晰、重点突出、易于理解的交流材料，是一项关键技能。

三是表达清晰度与吸引力。如何用精准、简洁且具有吸引力的语言来阐释研究，影响着信息的接收效果。

四是问答环节的应对。学术会议或答辩中的问答环节是对高校师生理解深度和应变能力的考验。

五是信息过载与回顾困难。参加讲座、会议、研讨时信息量巨大，会后难以高效回顾和提取关键信息。

AI 工具在此领域扮演着“智能助理”和“沟通教练”的角色，能够显著提升学术交流材料的准备效率、优化表达效果、辅助应对互动环节，并高效管理交流过程中产生的信息，从而帮助大学生和研究人员更自信、更专业地进行学术交流与成果展示。

（二）推荐国内 AI 工具与平台详解

以下介绍几类能够有效支持学术交流与展示各环节的

国内 AI 工具。

1. 通用大模型

豆包：https://www.doubao.com

DeepSeek：https://chat.deepseek.com

Kimi：https://www.kimi.com

讯飞星火：https://xinghuo.xfyun.cn

智谱清言：https://chatglm.cn

【推荐理由】

以上国内主流大模型，具备强大的文本生成和理解能力，是撰写各类学术交流文稿的得力助手。它们适用于：

一是摘要与简介草拟。基于高校师生提供的论文全文、研究报告或核心要点，快速生成符合规范（如会议摘要的字数限制、研究计划的简介部分）的初稿。

二是研究计划撰写辅助。根据高校师生设定的研究目标、方法、预期成果等要素，辅助撰写研究计划的背景、意义、研究内容、技术路线等章节的草稿。

三是演示文稿讲稿生成。基于 PPT 大纲或核心内容，生成详细的口头报告讲稿或发言备注。

四是学术邮件与信函撰写。辅助撰写投稿信、审稿回复信、合作邀请函等学术交流邮件。

五是模拟评审或答辩场景。输入研究摘要、论文全文或演示文稿内容，让 AI 扮演评审专家、答辩委员或普通听众，提出可能被问到的问题（涵盖研究动机、方法细节、结果解释、局限性、未来工作等方面）。

六是辅助构思答案。针对 AI 提出的或用户预想的问题，辅助思考和组织回答的逻辑与要点。

七是优化口语表达。将书面化的讲稿内容改写得更符合口语习惯、更流畅自然、更易于听众理解。辅助练习用简洁的语言解释复杂概念。

八是跨语言交流准备。辅助将中文讲稿或 PPT 注释翻译成英文。

【应用示例】

场景 1：一位需要向国际会议投稿的高校学生，已经完成了论文初稿，需要撰写一份不超过 300 字的英文摘要。

提示词（prompt）：我需要为一篇关于［你的研究主题，例如“利用深度学习预测蛋白质相互作用”］的研究论文撰写一份英文会议摘要，要求字数在 300 字以内。以下是我论文的主要内容要点：［粘贴论文的核心背景、目的、方法、关键结果和主要结论，可以适当详细］。

请帮我生成一份结构完整（包含 background，methods，results，conclusion）、语言流畅、重点突出的英文摘要初稿。

场景 2：一位即将在系内做研究进展报告的学生，希望提前准备应对老师和同学可能提出的问题。

提示词（prompt）：我将在组会上报告我的研究进展，主题是关于［简述研究主题］。这是我的报告 PPT 大纲：［粘贴大纲要点］。请你扮演一位经验丰富、思维严谨的导师，针对我的研究内容（特别是研究方法的新颖性、结果的可靠性、结论的延伸性等方面），提出 5~10 个可能在会上被问到的、比较有深度或挑战性的问题。并对每个问题，提示可以从哪些角度来组织回答思路。

2. AI 驱动的演示文稿工具

WPS AI: 通过最新版 WPS Office 客户端或网页版（https://ai.wps.cn）访问。

【推荐理由】

同第六类，此处侧重介绍其在交流展示环节的应用。制作演示文稿是学术交流最常见的形式之一，以 WPS AI 为代表的集成在办公套件中的 AI 功能，能够颠覆传统的 PPT 制作流程，实现效率飞跃：

一是快速生成内容框架。输入主题、大纲或直接导入文档，AI 能在数分钟内生成包含多页幻灯片的演示文稿初稿。

二是智能化设计与美化。AI 自动应用专业的模板、配色、字体，推荐或生成与内容相关的图片、图标，统一整体视觉风格。

三是内容提炼与可视化。辅助将大段文字提炼为要点，或尝试将数据、流程等信息以更可视化的方式（如图表、流程图建议）呈现。

3. 智能会议纪要与内容分析工具

讯飞听见：https://www.iflyrec.com

飞书妙记：https://www.feishu.cn/product/minutes

腾讯会议 AI 助手：https://meeting.tencent.com

【推荐理由】

在信息密集的学术讲座、研讨会、项目组会或导师指导中，高效准确地记录、整理和回顾交流内容至关重要。以讯飞听见、飞书妙记、腾讯会议 AI 助手等为代表的国内智能音视频处理工具，提供了强大的解决方案：

一是高精度实时或离线转写。将会议、讲座、访谈等音视频文件快速、准确地转换为文字稿，支持区分不同发言人。

二是摘要与关键词智能提取。对长篇转写稿自动生成核心内容摘要、提取关键词、标记重点段落。

三是待办事项与结论识别。智能识别讨论中形成的决议、分配的任务或关键结论。

四是内容搜索与分析。支持在转写稿中进行关键词搜索，或对发言内容进行简单的情感分析、主题分析。

【应用示例（使用飞书妙记）】

场景：一个跨学科研究小组每周通过飞书进行线上例会，讨论项目进展和下一步计划，会后需要快速整理会议纪要分享给所有成员。

应用流程：在飞书会议中开启“妙记”功能进行实时录制与转写。会议结束后，打开生成的妙记页面。检查AI自动生成的转写稿（可在线编辑修正）。查看AI提取的摘要、关键词和待办事项。如有需要，可以手动补充或编辑摘要。将整理好的妙记链接分享给团队成员，或导出文字稿存档。

（三）本章小结与展望

AI正在成为提升学术交流效率与效果的强大赋能

者。无论是利用大模型辅助撰写摘要、讲稿，或者模拟问答、优化表达、快速制作演示文稿、高效处理会议讲座信息，AI 都能在各个环节节省时间、提升质量。这使得高校师生能将更多精力投入到打磨核心内容、深化思想交流上。当然，技术的辅助不能替代真诚的沟通态度、严谨的学术精神和对听众的尊重。在享受 AI 带来便利的同时，更要注重信息传达的准确性、思想表达的原创性以及交流互动的有效性。

十、AI Agent 驱动的自动化任务流

（一）场景定义与核心挑战

人工智能正经历着从单一功能工具向具备一定自主性的智能体的演进。AI Agent 通常指能够感知环境、自主决策、规划行动序列、并调用多种工具以达成设定目标的智能系统。相较于传统的 AI 应用，AI Agent 的核心突破在于其目标导向的自主性和对工具的灵活运用能力。

在学术研究与学习场景中，这意味着 AI 有望从被动的“问答式”助手，转变为能够主动承担并自动化执行复杂、多步骤任务流的“智能伙伴”。其潜在应用前景广阔，例如：

一是自动化信息监控与整合。设定目标后，Agent 能自主、持续地追踪特定领域的前沿动态，并进行筛选、摘要与结构化报告。

二是复杂数据流程自动化。自动执行从多源数据获取、清洗、预处理到初步分析的完整流程。

三是研究任务分解与协同执行。将一项宏观研究任务（如文献调研、模拟实验、报告撰写）智能分解为子任务，并可能调用不同 AI 工具或自身能力逐步完成。

四是个性化学习导航。动态调整学习路径，主动推荐资源，甚至模拟辅导互动。

尽管前景令人期待，但 AI Agent 技术目前仍处于高速发展和不断完善的阶段。其面临的挑战包括任务规划的鲁棒性与泛化能力、工具调用的稳定与安全性、长期记忆与在线学习机制、运行成本控制，以及更为关键的系统可控性、行为可解释性、决策偏见和伦理规范等问题。深入理解 AI Agent 的原理、能力边界与当前进展，对于预见并适应未来智能化研究与学习模式至关重要。

（二）新兴国产 AI Agent 平台

AutoGLM 沉思（图 3-1-13）：https://autoglm-research.zhipuai.cn

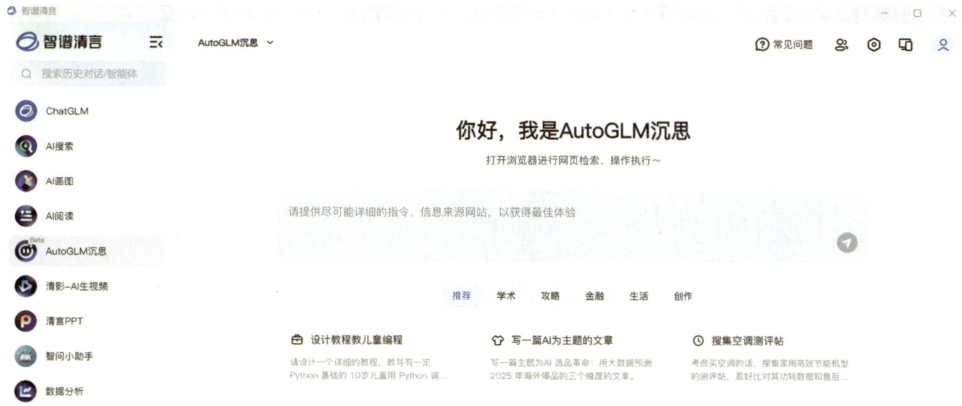

图 3-1-13　AutoGLM 沉思

Manus（图 3-1-14）：https://manus.monica.cn

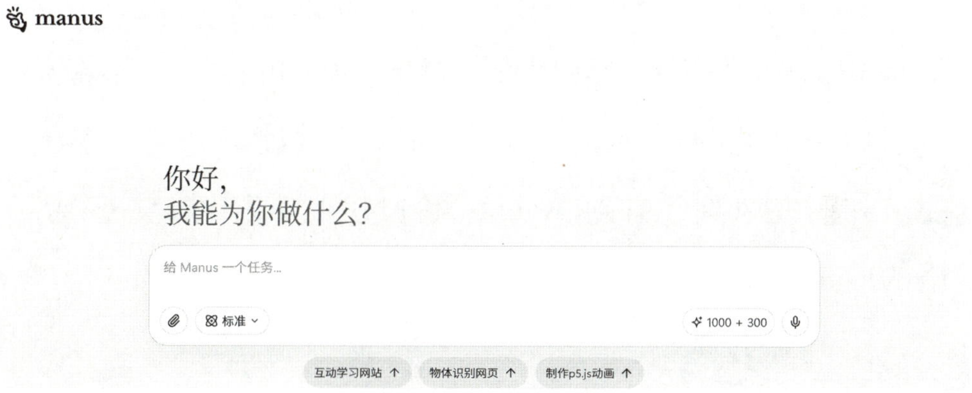

图 3-1-14　Manus

【推荐理由】

在通用大模型 API 能力的基础上，国内 AI Agent 技术正加速向专用平台与集成框架演进。这些新兴系统致力于降低 Agent 应用的构建与部署复杂度，并针对特定场景提供自动化解决方案，展现出国内在 AI Agent 领域的积极探索和快速发展。

【应用示例】

场景：一位研究者设定目标："调研'碳捕集与封存技术'的全球最新政策动态、技术突破和经济可行性，并生成一份包含关键发现和数据图表的初步研究报告。" AI Agent 可以自主规划并执行网络搜索、文献数据库查询、数据提取与分析、图表生成、报告撰写等步骤。

重要提示：AI Agent 技术仍处于高速发展阶段，具体平台和框架的功能、易用性、稳定性和可控性在不断演进。用户在尝试使用时，应仔细了解其能力边界、操作要求和潜在风险，并对 Agent 执行过程和产出结果进行严格的监督与批判性评估。

（三）本章小结与展望

AI Agent 技术预示着人机协作的新范式，有望将学术研究与学习中的诸多复杂、耗时的工作流实现自动化和智能化，从而极大地解放高校师生的生产力，使其更专注于创造性思维和深度探索。

十一、跨工具协同——构建智能化学术工作流

（一）从单点优化到流程革新

在前述九个类别中，我们分别探讨了各类 AI 工具在学术研究与学习具体环节中的应用潜力。然而，AI 赋能教育教学的真正力量，往往并非体现在某个单一工具的孤立使用上，而在于将这些工具有机地整合、协同地运用于贯穿始终的复杂学术任务流程中，从而实现效率、深度与质量的指数级提升。我们称之为“智能化学术工作流”。

构建这样的工作流，不仅要求高校师生了解单个工具的功能，更需要他们理解一项复杂学术任务（如完成一篇文献综述、开展一项小型研究、准备一次重要的学术报告）的内在逻辑和阶段性需求，并能够策略性地选择、组合、衔接不同的 AI 工具，让 AI 无缝嵌入并优化整个过程。

本类别旨在通过一个具体的实例——撰写一篇关于“人工智能在精准农业中应用”的文献综述——来演示如何设计并执行一个跨工具协同的智能化学术工作流，以期为高校师生提供可借鉴的思路与方法。

（二）示例工作流

撰写“AI 在精准农业应用”文献综述。

任务目标：系统梳理和评述近年来人工智能技术在精准农业领域的主要应用方向、关键技术、研究进展、面临的挑战与未来趋势。

工作流设计与执行步骤如下。

步骤一：初步主题探索与关键词拓展。

目标：快速了解“AI+ 精准农业”领域的基本图景，明确核心子领域，获取中英文核心关键词。

选用工具：DeepSeek（通用大模型，知识广度与对话能力强）。

执行动作：

向模型提问：“请简要介绍一下人工智能在精准农业领域的主要应用方向有哪些？”

追问：“针对‘智能灌溉与水肥管理’‘病虫害智能监测与防治’‘农产品产量预测’这几个方向，有哪些常用的 AI 技术（如机器学习、计算机视觉、深度学习）被应用？请分别举例。”

进一步要求：“请为我提供与‘AI in precision agriculture’及其主要子方向相关的中英文核心关键词列表，以便于我进行文献检索。”

协同价值：利用大模型的知识整合能力，快速构建对领域的初步认知，避免了早期漫无目的的搜索，并为后续的精准文献检索奠定了关键词基础。

步骤二：系统性文献检索与筛选目标，基于关键词，全面、高效地查找相关中英文文献，并进行初步筛选。

选用工具：秘塔 AI，结合国内外权威学术数据库。

执行动作：

使用第一步获取的中英文关键词，在秘塔 AI 中进行语义检索，利用其可能提供的跨库搜索和 AI 排序功能。

同时，在专业学术数据库中使用关键词进行传统检索，确保覆盖国内核心期刊和学位论文。

如果需要拓宽国际视野，在国外专业学术数据库进行检索。

利用秘塔 AI 对检索到的大量文献进行初步筛选，剔除明显不相关或质量较低的文献。

协同价值：将 AI 驱动的语义搜索与传统数据库的权威性、全面性相结合，提高了检索的查全率和查准率。AI 辅助筛选功能节省了大量阅读摘要的时间。

步骤三：文献深度阅读与理解。

目标：对筛选出的核心文献进行深入阅读，准确理解其研究内容、方法、结论与局限。

选用工具：Kimi，秘塔 AI。

执行动作：

将筛选出的核心文献 PDF（尤其是多篇围绕同一子主题的文献）上传至 Kimi，要求其进行：批量摘要生成、特定主题（如“所用数据集”“评价指标”）的信息抽取、不同文献间方法 / 结论的对比分析。

对于单篇需要精读的文献，若在秘塔 AI 平台内阅读，则利用其交互式阅读助手，随时就疑难词句、复杂图表、关键段落进行提问，请求解释或总结。

协同价值：Kimi 解决了批量处理和跨文献整合的需求，而秘塔 AI 则提供了精读单篇文献时的即时、上下文相关的 AI 辅助，两者互补，极大提升了深度阅读的效率和理解的准确性。

步骤四：知识整理与笔记构建。

目标：系统化地记录阅读所得，建立结构化的知识笔记，便于后续引用和整合。

选用工具：FlowUs AI 或印象笔记 AI。

执行动作：

在 FlowUs 或印象笔记中，为每篇核心文献建立笔记页面，记录其引用信息、核心观点、方法细节、关键结果、局限性以及个人的思考评论。可以结构化地使用标题、列表、标签等。

利用笔记软件内置的 AI 功能，对单篇笔记进行一键总结；对多篇关于同一主题的笔记，尝试使用 AI 问答功能；利用 AI 辅助建立笔记间的关联链接。

协同价值：将阅读输入（步骤三）高效转化为结构化的知识沉淀。AI 增强的知识整理与笔记工具不仅是存储器，更是智能化的知识整理与激活助手，便于后续综述写作时快速检索和调用信息。

步骤五：综述撰写，大纲设计与初稿生成。

目标：基于整理好的笔记和对领域的理解，设计文献综述的逻辑框架，并生成各部分的初稿。

选用工具：DeepSeek。

执行动作：

向 AI 清晰地阐述综述的主题、目标高校师生、期望涵盖的主要方面（基于前述步骤的积累）。要求 AI 生成一个详细的、具有逻辑层次的综述大纲（例如：引言、AI 在精准灌溉中的应用、AI 在病虫害防治中的应用……挑战与展望、结论）。

针对大纲中的某一具体章节（如“AI 在农产品产量预测中的应用”），将步骤四中整理的相关笔记要点提供给 AI，要求其围绕这些要点，并结合该领域的通用背景知识，撰写该章节的段落初稿。

协同价值：AI 能够快速将零散的笔记要点组织成结构化的大纲和连贯的段落，极大地加速了从思想到文字的转化过程，为后续的人工修订打下良好基础。

步骤六：语言润色与格式规范。

目标：提升综述草稿的语言表达质量，确保学术规范性，统一参考文献格式。

选用工具：秘塔写作猫（专业中文写作辅助）+ 通用大模型（特定语句改写）+Zotero/EndNote/NoteExpress（文献管理软件，非 AI 但必需）。

执行动作：

将中文综述草稿导入秘塔写作猫，进行全面的语法、拼写、标点、搭配、风格检查与润色优化。

对于个别需要多种表达方式或感觉特别拗口的语句，可以复制到通用大模型请求多种改写建议。使用文献管理软件及其 WPS/Word 插件，规范、统一地插入和管理文内引用及文末参考文献列表。

若目标为英文综述，则此步主要使用 Grammarly Premium、DeepL Write 等国际工具进行深度润色。

协同价值：专业写作工具（秘塔写作猫）提供系统性、细致的校对润色，通用大模型提供灵活的局部表达优化，文献管理软件确保格式规范，三者结合保障了最终文稿的专业性和规范性。

步骤七：可视化元素辅助（可选）。

目标：为综述报告或其演示版本（若需要）创建辅助性的视觉元素。

选用工具：可灵（AI 图像生成）+ 通用大模型（辅助代码生成）。

执行动作：

使用可灵，生成一幅能够体现“AI 赋能精准农业”核心思想的概念图，用于报告封面或 PPT 首页。

如果在综述中分析了文献发表的时间趋势或技术应用比例等数据，可以请求通用大模型（如 DeepSeek，智谱清言）生成代码来绘制相应的统计图表（如柱状图、折线图）。

协同价值：AI 图像生成工具快速提供视觉创意，AI 代码生成助手则加速了数据可视化图表的制作，共同提升了成果呈现的直观性和吸引力。

步骤八：最终审阅与查重。

目标：确保综述的最终质量，包括内容的准确性、逻辑的严密性、语言的流畅性以及最重要的原创性。

选用工具：专业查重工具。

执行动作：

人工深度审阅：通读全文，检查论点是否清晰、论据是否充分、逻辑转换是否自然、语言表达是否精准、是否存在事实性错误。这是最关键的一步，不可替代。

AI 辅助检查：可以将全文或关键段落输入给大模型，要求其扮演批判性审稿人的角色，检查是否存在逻辑漏洞、论证不足或表述模糊之处。

查重检测：将最终稿提交给学校或机构指定的专业查重系统进行检测，根据报告仔细修改相似部分，确保符合学术规范。

协同价值：人工智能的批判性视角可以作为人工审阅的有益补充，查重工具则是保障学术诚信的必要环节。但最终的质量把关和原创性承诺，必须由高校师生本人承担。

（三）设计智能化学术工作流的原则

上述案例展示了一个可能的智能化学术工作流。在构建自己的工作流时，建议遵循以下原则：

第一，理解任务，分解流程。首先清晰地理解目标任务的内在要求和逻辑步骤。

第二，匹配工具，发挥所长。了解各类 AI 工具（尤其是掌握的国内工具）的优势与局限，将其匹配到最适合的子任务环节。

第三，迭代优化，灵活调整。工作流并非一成不变，在执行过程中可能需要根据实际效果在不同工具或步骤间进行调整、补充或迭代。

第四，人机协同，主导在我。始终保持高校师生在工作流中的主导地位，AI 是助手而非主人，对 AI 输出的内容进行批判性评估和有效整合至关重要。

第五，持续学习，拥抱变化。AI 工具和技术发展迅速，保持学习心态，关注新工具、新方法，不断优化自己的工作流。

十二、结语

驭 AI 之能，启智慧未来，需持续探索与共创。本工具应用导引系统梳理当前人工智能工具在高校师生学术研究与学习场景中的多样化应用，从文献追踪、高阶写作、数据分析、专业编程，到个性化学习、创意生成、实验设计、学术交流乃至 AI Agent 的初步探索，并展示了跨工具协同构建智能化工作流的范例。我们力求为广大师生提供一份实用、前瞻的 AI 应用导航。

然而，我们必须清醒地认识到，人工智能领域正处在一个日新月异、加速迭代的时代。新模型、新工具、新功能日新月异，其能力边界在不断拓展，应用场景也在持续深化。因此，本导引所呈现的工具与用法，仅是截至当前时间点的一个典型剖面和示例性展示，旨在抛砖引玉，为高校师生开启利用 AI 赋能学术之旅提供一个基础的认知框架和实践起点。我们深知，今天被视为前沿的应用，或许在不久的将来就会成为基础操作。

面对 AI 技术的澎湃浪潮和瞬息万变，我们向所有拥抱未来的广大师生发出倡议：

一是保持敏锐，持续关注。不能将本导引视为终点。我们鼓励大家主动、持续地关注 AI 技术（尤其是与自己学科相关的应用）的最新进展，积极了解和试用涌现出的新工具、新平台和新功能。订阅相关科技媒体、关注学术前沿、参与线上线下交流，都是保持信息同步的重要途径。

二是超越表象，理解逻辑。不仅仅满足于“会用”工具，更要努力去理解其基本的运行逻辑与能力边界。例如，掌握有效的提示词工程技巧，理解大语言模型可能存在的“幻觉”与“偏见”，认识不同 AI 工具的优势与局限性。这种更深层次的理解，将使高校师生能够更精准、更高效、更负责任地驾驭 AI。

三是勇于探索，开拓使用。本导引展示的应用场景和工作流仅是起点。AI 的真正潜力在于与每个师生具体学习、科研需求的深度结合。我们热切地鼓励大家基于自身的专业背景、研究课题和独特挑战，大胆探索、勇于实践，开拓出更多个性化、创新性的 AI 应用方式，让 AI 真正成为解决特定问题的定制化利器，甚至催生新的研究方法或范式。

归根结底，AI 是赋能于人的工具，而非取代人类智慧的主体。批判性思维、独立判断能力、学术诚信原则以及人文关怀与伦理考量，将是我们在智能时代行稳致远、善用技术、实现个人与社会价值的根本遵循。

未来的教育教学图景，必将是人机智慧深度融合、协同共创的景象。愿这份导引能为高校师生装备初步的“AI 导航仪”，更愿在未来的发展征途上，能够不断升级“AI 驾驶技能”，驭 AI 之能，启智慧未来，让高校师生成为知识创新和社会进步的积极贡献者。

参考文献

[1] 教育部副部长吴岩：高等教育进入人工智能 + 智慧教育时代 [EB/OL].(2024-12-18) [2025-04-05].https://chetc.cahe.edu.cn/h/news/viewpoint/2024-12-18/4496.html.

[2] 积极推动人工智能赋能教育强国建设 [EB/OL].(2025-04-02) [2025-04-05].http://www.moe.gov.cn:8080/jyb_xwfb/s5148/202504/t20250402_1185864.html.

[3] 怀进鹏在 2025 世界数字教育大会作主旨演讲 [EB/OL]. (2025-05-15) [2025-05-15].http://www.moe.gov.cn:8080/jyb_xwfb/gzdt_gzdt/moe_1485/202505/t20250515_1190601.html.

[4] 张静蓓，虞晨琳，蔡迎春. 人工智能素养教育：全球进展与展望 [J]. 图书情报知识，2024, 41 (3): 15-26.

[5] 冯婷婷，刘德建，黄璐璐，等. 数字教育：应用、共享、创新——2024 世界数字教育大会综述 [J]. 中国电化教育，2024 (3): 20-36.

[6] 祝智庭，戴岭，赵晓伟，等. 新质人才培养：数智时代教育的新使命 [J]. 电化教育研究，2024, 45 (1): 52-60.

提示词工程实用教程

胡　琳　　周　琴　　王圣洁

一、引言

大语言模型（LLMs）的出现为高校师生带来前所未有的机遇，极大地拓展了学习、研究和工作的可能性。无论是进行文献综述、辅助教学、激发科研灵感，还是进行数据分析，LLMs都展现出强大的潜力。然而，要充分利用这些模型的强大功能，高效且准确地与其进行交互至关重要。提示词工程（prompt engineering），作为一门新兴的学科，正是关注于如何设计和优化与LLMs的指令，使其能够更好地理解我们的需求，并产出高质量、相关性高的结果。

本教程旨在提供一份实用的提示词工程指南，帮助高校师生掌握与AI进行有效沟通的艺术，从而在学术研究、教学实践和日常学习中实现人机协作的最佳效果。

二、从认知维度看提示词设计

在深入探讨具体的提示词技巧之前，我们需要理解提示词工程的本质。提示词工程的艺术，很大程度上可以理解为在人类意图与人工智能能力之间架起的一座桥梁。正如学者李继刚引用“乔哈里视窗”所揭示的那样，我们与 AI 的交互可以根据我们自身和 AI 对任务及相关信息的了解程度分为四个象限（图 3–2–1）。

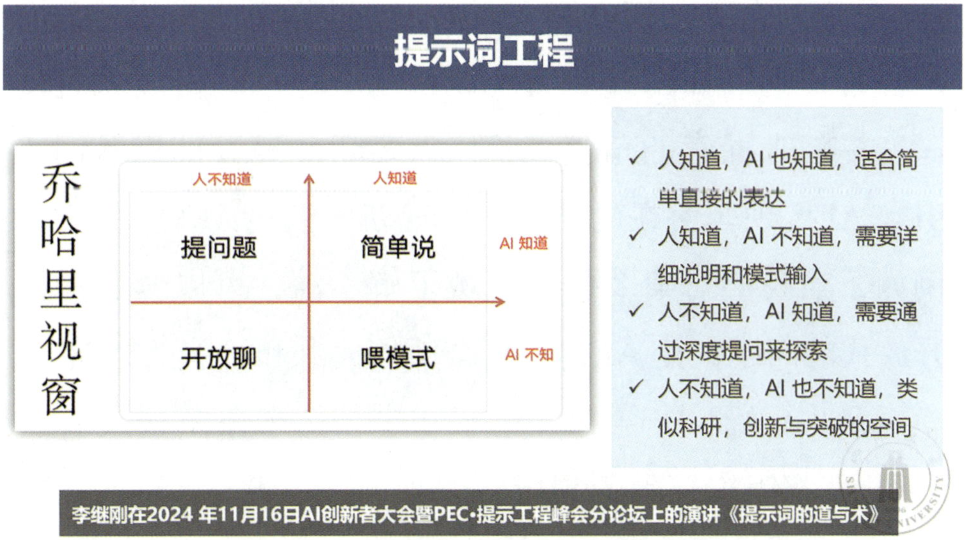

图 3–2–1　提示词工程的乔哈里视窗分析

第一，人知道，AI 也知道。在这种情况下，我们对想要实现的目标有清晰的认识，而AI也具备直接解决该问题的知识和能力。此时提示词工程更侧重于简单直接的表达，确保指令清晰无歧义，模型便能快速给出准确的答案。例如，询问一个众所周知的历史事件。

第二，人知道，AI不知道。这代表我们明确知道想要什么，但AI本身并不直接拥有所需的信息。这种情况下，提示词工程的关键在于提供详细的说明和模式输入。例如，当我们希望AI分析一份特定的研究数据或按照特定的格式生成报告时，我们需要在提示词中提供足够的数据、背景信息和输出模板。

第三，人不知道，AI知道。这是指AI可能拥有我们未曾意识到的知识或能力。提示词工程在此扮演着通过深度提问来探索的角色。我们需要巧妙地设计提示词，引导AI展现其潜在的能力，发现新的视角或解决方案。例如，当我们对某个研究领域了解不深，可以尝试提出开放式的问题，让AI提供更全面的信息和可能的方向。

第四，人不知道，AI也不知道。这个象限代表着人类和AI都尚未探索的领域，类似于科学研究和创新突破的过程。在这样的情境下，提示词工程更像是一种实验和探索，我们需要不断尝试不同的提示策略，观察AI的反应，逐步引导其走向我们期望的创新方向。

总而言之，提示词工程不仅是简单地向 AI 提问，更是一种理解 AI 能力边界、清晰表达自身需求、有效引导 AI 思维的过程。通过掌握提示词工程的技巧，我们可以最大限度地发挥 AI 潜能，弥合人类认知与机器智能之间的差距，从而在学习、研究和工作中取得更好的成果。

三、提示词工程核心概念

在深入探讨具体的提示技巧之前，理解提示词工程的一些核心概念至关重要。一个有效的提示词通常包含以下关键要素。

任务（task）：您希望模型完成的具体目标，例如“总结这篇文章”“撰写一段代码”或“解释一个概念”。

指令（instruction）：指导模型如何完成任务的具体要求，例如输出的格式、长度、风格、需要包含的关键信息等。

背景信息（context）：为模型提供必要的背景知识或情境信息，帮助其更好地理解任务和您的意图。这可能包括您的身份、所处的领域、目标受众等。

角色（role）：指定模型扮演的特定角色，使其能够从该角色的专业视角和知识背景出发进行回答。

示例（examples）：提供期望输出的格式或内容的示例，引导模型按照所示的模式生成结果。

四、提升 LLMs 输出质量的关键技巧

以下是九个主要且实用的提示词工程技巧，它们将帮助高校师生更有效地与 LLMs 进行沟通，并获得更高质量的输出。

（一）明确需求表达

1. 定义

用清晰、具体的语言描述您的需求，提供足够的背景和细节，使AI准确理解任务。避免使用含糊不清的指令，就像点外卖时要精确说明菜品偏好一样，要让 AI 明白您想要什么结果。

2. 解释

模型无法读心，指令不明确时容易产生偏差或无关的回答。精确表达您的需求是获得高质量回复的首要条件。模糊不清的指令会导致模型产生不确定或不相关的结果。因此，在向 AI 提出请求时，在提示词中应尽量减少歧义，同时提供足够的背景信息，例如您的身份、所

处的行业、具体的场景以及期望的输出格式和内容等，这有助于模型理解语境并生成相关内容。模型猜测您意图的成分越少，越有可能输出令您满意的结果。总之，清晰详细的提示词能显著降低模型产生不相关或错误输出的概率。

3. 注意事项

一是明确说明期望的输出类型和细节（如要求列表、段落或特定语气），必要时使用分隔符（如引号、分隔线）来区分不同部分，避免混淆。

二是避免使用诸如“适当长度”“最好详细一点”这类模糊表述，应提供具体指标，例如“总结请不超过 200 字”或“提供三条建议”。

4. 案例应用场景：文献综述或开题报告辅助撰写

模糊指令：“写一篇关于气候变化的报告。”

精准描述：“你是一个【角色】，请根据以下需求【任务目标】，使用【风格或格式要求】生成【具体输出】。附加要求：【限制条件或补充信息】。”

【应用示例】（图 3–2–2）

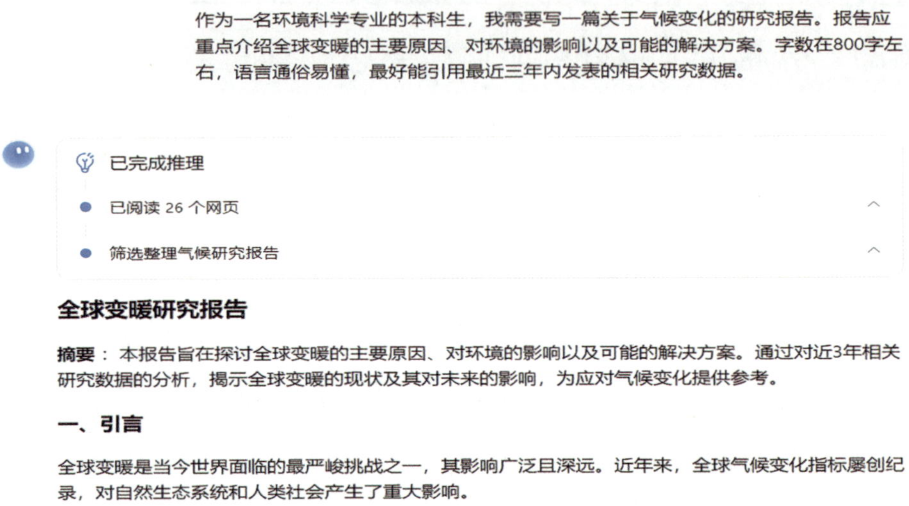
作为一名环境科学专业的本科生，我需要写一篇关于气候变化的研究报告。报告应重点介绍全球变暖的主要原因、对环境的影响以及可能的解决方案。字数在800字左右，语言通俗易懂，最好能引用最近三年内发表的相关研究数据。

已完成推理

- 已阅读 26 个网页
- 筛选整理气候研究报告

全球变暖研究报告

摘要： 本报告旨在探讨全球变暖的主要原因、对环境的影响以及可能的解决方案。通过对近3年相关研究数据的分析，揭示全球变暖的现状及其对未来的影响，为应对气候变化提供参考。

一、引言

全球变暖是当今世界面临的最严峻挑战之一，其影响广泛且深远。近年来，全球气候变化指标屡创纪录，对自然生态系统和人类社会产生了重大影响。

图 3–2–2　提示词工程技巧之“明确需求表达”示例

（二）赋予特定身份

1. 定义

在提示词中为 AI 指定一个角色或身份，让其以该角色的专业视角和口吻回答。这种“角色扮演”式提示可使回复更贴近特定领域的风格和知识背景。

2. 解释

当任务较复杂或专业时，明确模型的身份有助于它更好地组织答案。例如，让模型“扮演一位资深的学术评审人”或“假设你是高中物理老师”，模型会在回答时自动采用专业领域的措辞和角度，提供更权威或更浅显易懂的解释。提示词通常包含任务、指令和角色三要素，其中“角色”即为模型应扮演的身份。指定角色还能隐含地提供回答风格指导，比如医学专家会用严谨语气，营销文案撰写人则用生动推广的口吻等。

3. 注意事项

一是选择角色要贴合任务需要。例如在法律问题上指定“律师”，在编程问题上指定“高级软件工程师”，以确保模型调用相关领域知识。

二是虽然赋予身份能提高专业性，但模型本质上并非真正的人类专家，回答仍可能出错。务必对关键事实自行核验，不要因其“专家”身份措辞而毫无保留地信任结果。

4. 案例应用场景：教学内容辅助创作

模糊指令：“设计一个关于人工智能的课程。”

精准描述：“你现在是一位【具体身份/职业/专家角色】，请以【该身份的专业视角】完成以下任务：【任务内容】。要求：【输出风格/格式】，【其他限制条件】。”

【应用示例】（图 3-2-3）

图 3-2-3　提示词工程技巧之“赋予特定身份”示例

（三）任务分解

1. 定义

将复杂任务拆解为多个可管理的子任务，逐一让模型完成，再综合结果。通过分步提问，引导模型逐步解决问题，以提高最终答案的准确性和质量。

2. 解释

对于涉及多步骤的复杂问题，直接让模型一次生成完整答案往往效果不佳，因为复杂任务累积的错误概率更高。借鉴软件工程的思想，我们可以把复杂需求重新表述为一系列简单任务，让模型逐步完成。例如，先让模型列出要点，再根据要点生成内容，最后润色整合。这不仅降低了每一步的难度和出错率，也方便我们在中间步骤检查并纠偏。研究指出，让模型“逐步思考”或分阶段输出可以提高推理正确率。在提示中明确各子任务及其顺序，模型就能按步骤执行，层层推进完成整体任务。

3. 注意事项

一是规划子任务顺序。确保子任务之间逻辑衔接清晰，前一步骤的输出能为下一步骤提供有效输入。如果子任务相互依赖，按先基础后高级的顺序安排。

二是控制每步长度。分解任务时，每一步提示不宜过于庞杂，以免再次出现复杂性问题。必要时可将结果精简后再作为下一步的输入。

4. 案例应用场景：创新创业项目策划与设计

复杂任务：“做一份关于‘智能家居安全监控系统’的策划与设计。”

任务分解：这是一个复杂任务，请将其拆解为若干个逻辑相关的子任务，按顺序逐步完成。

【总任务描述】

步骤要求：

第一，列出完成该任务所需的关键子任务清单；

第二，依次执行每一个子任务，每一步需包括目标说明 + 执行方法 + 输出内容；

第三，每完成一步，请展示结果，确认后再进行下一步。

【应用示例】（图 3–2–4）

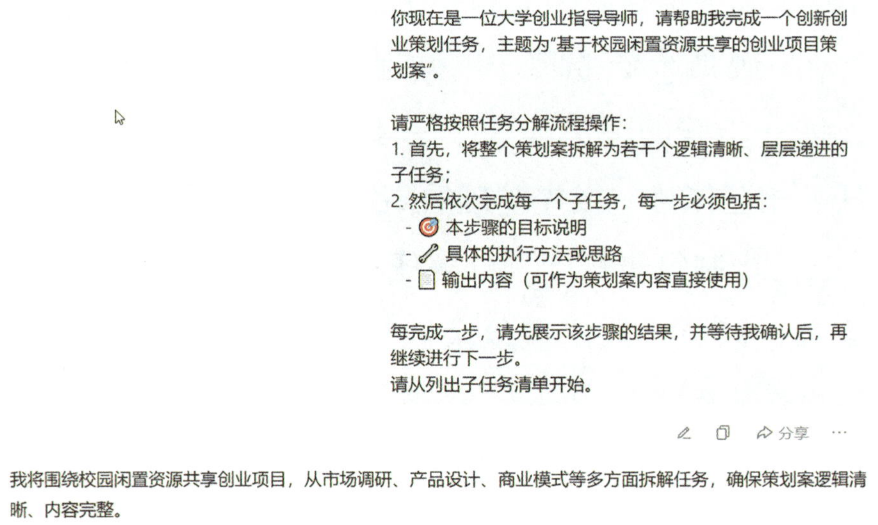

图 3–2–4　提示词工程技巧之“任务分解”示例

（四）避免使用行业“黑话”

1. 定义

避免在提示词中使用过于专业的行话、缩写或含糊的术语。尽可能用通俗易懂的语言表述，或对必要的专业术语进行解释，以防止模型误解意思或生成晦涩的回答。

2. 解释

如果提示中充斥业内“黑话”或模棱两可的词，模型可能难以准确把握意图，或者给出过于专业而让人费解的回答。有时我们希望 AI 给出简单明了的解释，这时应避免用专业术语提问。建议提示词应简洁明了，不要使用不必要的复杂词汇或行话，这样更容易得到清晰的答复。比如，与其问：“基因调控网络的表观遗传机制有哪些？”不如说：“用通俗语言解释一下基因调控网络中的表观遗传现象有哪些类型？”这样模型会明白需要面向非专业人士作答，避免陷入过深的专业细节。此外，对于容易引起歧义的术语，最好在提示中给出定义或上下文说明，使模型不会误用。实践也表明，用具体明确的词语取代笼统模糊的描述更可靠，例如不要说“稍微短一点”，直接指定“3~5 个句子”。

3. 注意事项

一是术语需定义。若必须使用专业词汇或缩写，最好在提示中加一句解释说明。这不仅保证模型理解正确，也训练它在回答中做出解释，方便高校师生理解。

二是匹配受众。根据答案的目标高校师生调整语言水平。如果回答面向领域外高校师生，就要求模型避免使用行业术语或进行科普式说明；面向业内人士则可以使用专业术语，但要确保严谨性并准确引用。

4. 案例应用场景：个性化学习

使用“黑话”：“请分析不同色彩在 HSL 模型下对用户情绪触发机制的影响，尤其关注冷暖色调在 UI 情境中的行为诱导效果。”

使用通俗语言：“请使用简单通俗的语言来解释或回答以下问题【用户问题或任务描述】。避免使用任何专业术语、缩写或行话；若必须使用，请对术语进行清晰易懂的解释。”

【应用示例】（图 3-2-5）

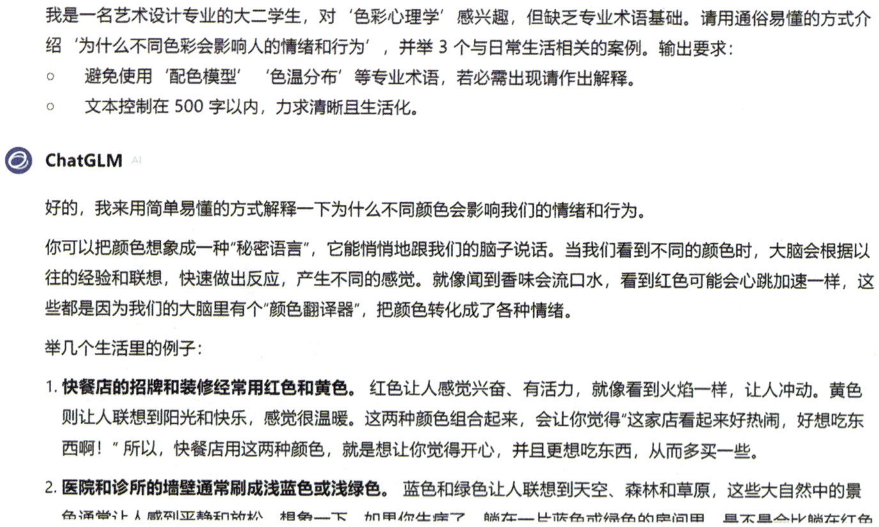

我是一名艺术设计专业的大二学生，对‘色彩心理学’感兴趣，但缺乏专业术语基础。请用通俗易懂的方式介绍‘为什么不同色彩会影响人的情绪和行为’，并举 3 个与日常生活相关的案例。输出要求：

- 避免使用‘配色模型’‘色温分布’等专业术语，若必需出现请作出解释。
- 文本控制在 500 字以内，力求清晰且生活化。

ChatGLM

好的，我来用简单易懂的方式解释一下为什么不同颜色会影响我们的情绪和行为。

你可以把颜色想象成一种“秘密语言”，它能悄悄地跟我们的脑子说话。当我们看到不同的颜色时，大脑会根据以往的经验和联想，快速做出反应，产生不同的感觉。就像闻到香味会流口水，看到红色可能会心跳加速一样，这些都是因为我们的大脑里有个“颜色翻译器”，把颜色转化成了各种情绪。

举几个生活里的例子：

1. **快餐店的招牌和装修经常用红色和黄色。** 红色让人感觉兴奋、有活力，就像看到火焰一样，让人冲动。黄色则让人联想到阳光和快乐，感觉很温暖。这两种颜色组合起来，会让你觉得“这家店看起来好热闹，好想吃东西啊！”所以，快餐店用这两种颜色，就是想让你觉得开心，并且更想吃东西，从而多买一些。
2. **医院和诊所的墙壁通常刷成浅蓝色或浅绿色。** 蓝色和绿色让人联想到天空、森林和草原，这些大自然中的景色通常让人感到平静和放松。想象一下，如果你生病了，躺在一片蓝色或绿色的房间里，是不是会比躺在红色

图 3-2-5　提示词工程技巧之“避免行业黑话”示例

（五）示例引导输出

1. 定义

通过提供示例、模板或参考答案的形式，来引导模型按照所示的格式和风格产生输出。这被称为 Few-Shot 提示技术，即在正式回答前给出一到多个示例供模型模仿。

2. 解释

大语言模型非常擅长模式匹配。如果我们在提示中先展示期望的输出格式或范例，然后再让模型处理实际任务，往往能得到更契合要求的结果。Few-shot 提示一般分为三个步骤，首先给出一个输入和理想输出的示例，然后再给出第二个示例（可选），最后提供实际输入，请模型按前面示例的模式作答。这种方式等于为模型做了答案的参考，对齐了它的输出风格和结构。

3. 注意事项

一是示例相关性。提供的示例应与实际任务高度相关，并且正确无误。错误示例会误导模型，而风格差异过大的示例会降低参考意义。

二是控制示例数量。示例越多占用的提示长度越大。一般 1~3 个高质量示例已足够形成引导，示例过多既增加成本也可能让模型拘泥于示例细节无法泛化。

4. 案例应用场景：教学内容辅助创作

一位教师希望利用 AI 为课堂生成选择题，并要求输出包括题目和答案解析两个部分。如果直接让 AI“出 5 道关于牛顿运动定律的选择题并给出答案”，模型虽然可以照做，但答案解析部分可能格式不统一。于是，教师在提示中加入了示范，他首先给出一道题目的格式标准示范：“示例 :1. 下列关于惯性的说法正确的是？A...B...C...D... 答案 :C。解析 : 因为惯性表示物体保持运动状态的性质……。”然后在提示词中说明 :“请按照以上示例格式，出 5 道类似难度的题目。”

【应用示例】(图 3-2-6)

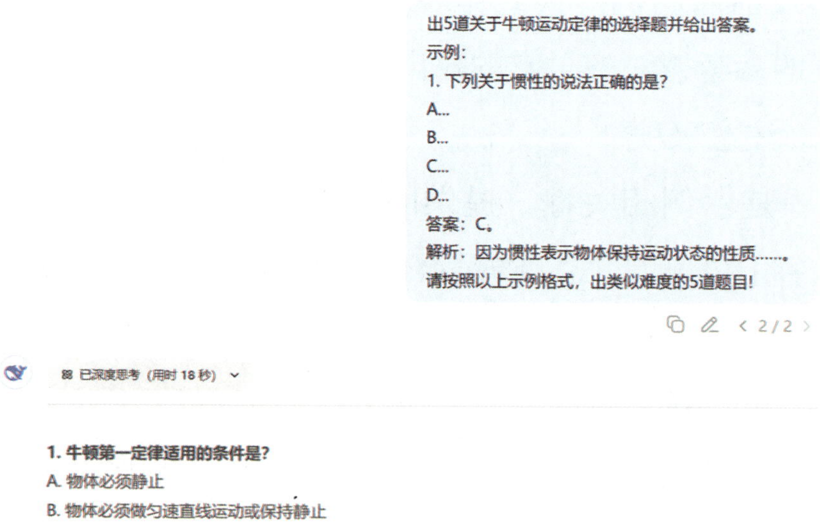

图 3-2-6　提示词工程技巧之“示例引导输出”示例

（六）追问与迭代

1. 定义

将与 AI 的交互视为一个对话过程，善用追问来深入或澄清某点，并根据上一步的回答持续改进下一步的提问。通过多轮迭代提问，逐步引导模型逼近理想答案。

2. 解释

与其期望一次对话就得到完美回答，不如采用迭代优化的思路。先提出初步问题获取模型回答，然后针对不足之处继续追问或要求改进。这种循环可以是要求模型解释某段答案、提供更多细节，或在发现错误时让它纠正。不断根据模型反馈调整提示，是提高生成质量的关键。追问有助于模型自我反思，例如质疑模型的某个论断："你确定这一结论正确吗？请重新检查依据。"模型往往会重新审视并给出更严谨的回答。另外，如果初次回答内容过于复杂，还可以追问要求简化解释；反之则要求它进一步拓展论述。"让我们一步步地思考"也是一种有效追问方式，提示模型放慢思考过程，逐条推理以减少错误。

3. 注意事项

一是逐点深挖。每次追问最好聚焦一个改进方向（比如"请详述第 2 点"或"换一种比喻解释"），避免同时提出过多要求使模型无所适从。

二是上下文衔接。利用对话模式时，要确保模型记住之前的关键信息。如果对话轮次较多，可在新提示中简要复述前提，防止模型遗忘上下文或偏离主题。

4. 案例应用场景：科技创新竞赛训练与备赛

初始提问：我将与你分步骤对话，请先回答以下初始问题。

【初始任务描述】

之后我会根据你的回答提出调整，请你不断优化内容直到我满意。

中途追问：请基于你上一步的回答进行以下修改或补充。

【具体修改要求】

保持整体结构不变，仅优化关键点。

【应用示例】

初始提问（图 3-2-7）。

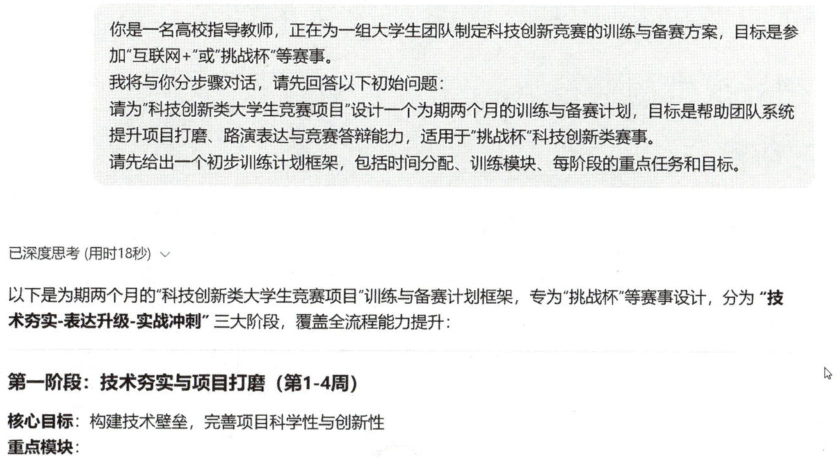

你是一名高校指导教师，正在为一组大学生团队制定科技创新竞赛的训练与备赛方案，目标是参加“互联网+”或“挑战杯”等赛事。
我将与你分步骤对话，请先回答以下初始问题：
请为“科技创新类大学生竞赛项目”设计一个为期两个月的训练与备赛计划，目标是帮助团队系统提升项目打磨、路演表达与竞赛答辩能力，适用于“挑战杯”科技创新类赛事。
请先给出一个初步训练计划框架，包括时间分配、训练模块、每阶段的重点任务和目标。

已深度思考（用时18秒）

以下是为期两个月的“科技创新类大学生竞赛项目”训练与备赛计划框架，专为“挑战杯”等赛事设计，分为 **“技术夯实-表达升级-实战冲刺”** 三大阶段，覆盖全流程能力提升：

第一阶段：技术夯实与项目打磨（第1-4周）

核心目标：构建技术壁垒，完善项目科学性与创新性
重点模块：

图 3-2-7　提示词工程技巧之“追问与迭代”初始提问示例

中途追问（图 3-2-8）。

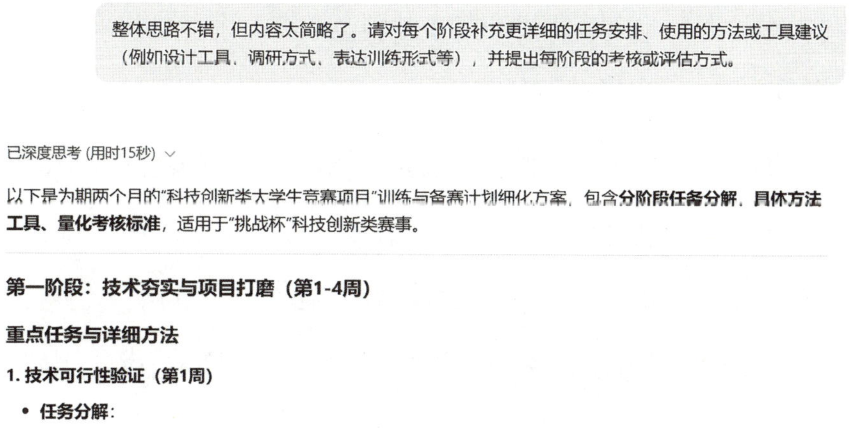

整体思路不错，但内容太简略了。请对每个阶段补充更详细的任务安排、使用的方法或工具建议（例如设计工具、调研方式、表达训练形式等），并提出每阶段的考核或评估方式。

已深度思考（用时15秒）

以下是为期两个月的“科技创新类大学生竞赛项目”训练与备赛计划细化方案，包含**分阶段任务分解**、**具体方法工具、量化考核标准**，适用于“挑战杯”科技创新类赛事。

第一阶段：技术夯实与项目打磨（第1-4周）

重点任务与详细方法

1. 技术可行性验证（第1周）

- **任务分解**：

图 3-2-8　提示词工程技巧之“追问与迭代”中途追问示例

（七）精准修正反馈

1. 定义

当模型初步回答未完全达标时，不要笼统地要求重

试，而应精确指出需要修改或改进的部分，给予明确的反馈指导模型调整答案。

2. 解释

模型不知道哪里出了问题，除非你直接告诉它。相比简单说“再答一次”或“还不够好”，明确指出哪些内容不符合要求以及应如何更改，会让模型有针对性地改进。例如，如果回答中过多赘述，可以反馈：“请将回答改写得更简洁，并删除与主题无关的句子。”如果有部分错误信息，则指出具体错误：“第二段关于实验数据的描述不正确，请查证并更正该数据。”这种精细反馈相当于人类编辑在修改稿件时的批注建议，让模型明白改哪里、怎么改。实践经验表明，一次指明一两个主要问题并让模型修正，比起泛泛要求它重来效果更佳，因为修改指令过于笼统时模型往往无从下手或只做微小改动。正如有经验的论文评审人在给出修改意见时，会逐条指出需要修改的地方，并提供修改建议一样，我们也可以在提示中扮演这样的角色。

3. 注意事项

一是逐条反馈。将希望修改的要点分条列出，模型会更清晰地逐项执行修改。一次性给出长段的反馈不如条理清晰的清单式反馈有效。

二是保持礼貌客观。尽管是在指出不足，措辞上依然应客观礼貌，专注于内容本身的问题。例如用“需要补充引用支持该论点”替代“你这段写得不对”。友好的语气有助于模型理解为建设性意见而非全盘否定。

4. 案例应用场景：旅游相关数据分析与图表制作辅助

提示词模板：你上一步回答存在以下问题：【具体问题】。

请保留【你希望保留的部分】，并根据以下修改建议进行优化。

【明确的修改指令】

请重新生成优化后的版本。

【应用示例】

初始提问（图 3-2-9）。

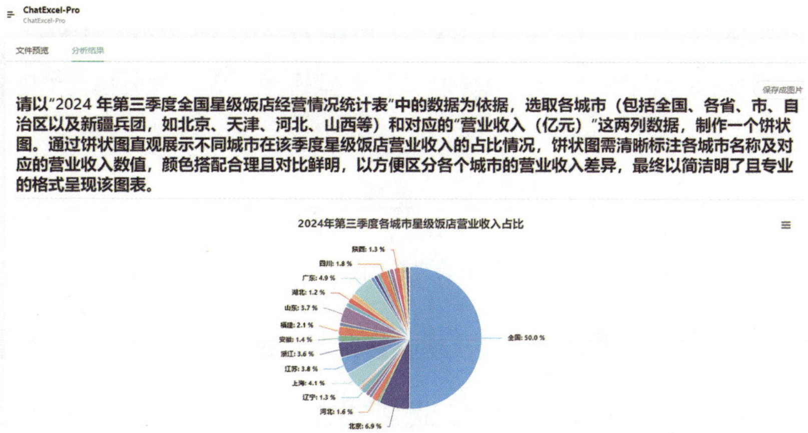

图 3-2-9 提示词工程技巧之“精准修正反馈”初始提问示例

明确的修改指令（图 3–2–10）。

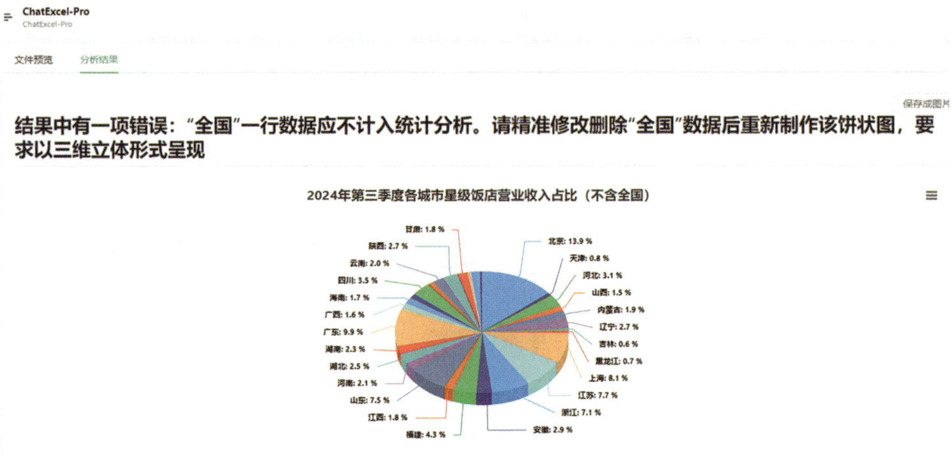

图 3–2–10　提示词工程技巧之“精准修正反馈”明确修改指令示例

（八）考虑语言选择

1. 定义

当发现模型对中文指令的响应质量欠佳时尝试改用英文提问。不少情况下，英文提问能让模型更准确地理解任务并给出高质量回答，然后再视需要将结果翻译回中文。

2. 解释

由于大语言模型的训练数据中，英文资料的质量和数量通常优于其他语言，尤其是在专业领域和学术内容方面。在处理非常复杂或专业的查询时，尝试使用英文提问可能获得更准确、更深入的回答。当然，这并不意味着中文提问不重要，对于日常交流和中文内容生成，中文提问仍然是首选。

3. 注意事项

一是避免机翻提问。尽量自己撰写或打磨英文提示词，而非依赖机器翻译粗略直译。明确简洁的英文指令效果最佳，避免中英文混杂。

二是模型差异。针对主要受训语言为中文的模型，此技巧未必有效。但对于以英文训练为主的模型，英文提问普遍能提升复杂任务的表现。一旦发现中文提问结果偏差较大，就可以考虑切换语言试试。

4. 案例应用场景：辅助文献检索或信息检索

【应用示例】（图 3-2-11）

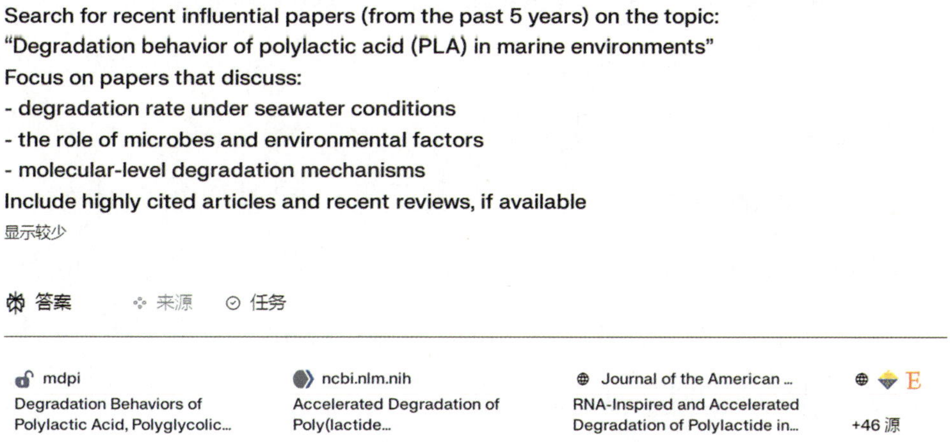

图 3-2-11　提示词工程技巧之“考虑语言选择”示例

（九）多工具协同

1. 定义

结合多个 AI 模型或外部工具，各取所长，完成单一模型难以胜任的复杂任务。这种多工具协同范式通过流水线方式，让不同系统各司其职，使最终结果更加准确全面。

2. 解释

不同的 AI 模型和工具可能在不同的任务上表现出优势。例如，Kimi 可能擅长解析长文档，DeepSeek R1 可能在推理方面更强，而豆包可能更适合生成 PPT。通过将这些不同的 AI 工具结合起来，可以实现任务流的高效衔接，从而获得更高质量的最终成果。

3. 注意事项

一是明确工具特长。在构建任务流时，需要充分了解不同 AI 模型和工具的优势和擅长领域，确保将合适的任务分配给最擅长的工具。

二是评估综合成本。虽然多工具协同可以提升质量，但也可能带来更高的成本，包括 API 调用费用、时间成本等。我们需要在追求更高质量的同时，评估整体成本效益，选择最合适的工具组合。

4. 案例应用场景：项目汇报思维导图与 PPT 制作等办公应用

【应用示例】(图 3-2-12)。

第一步：使用 DeepSeek 辅助生成内容提纲。

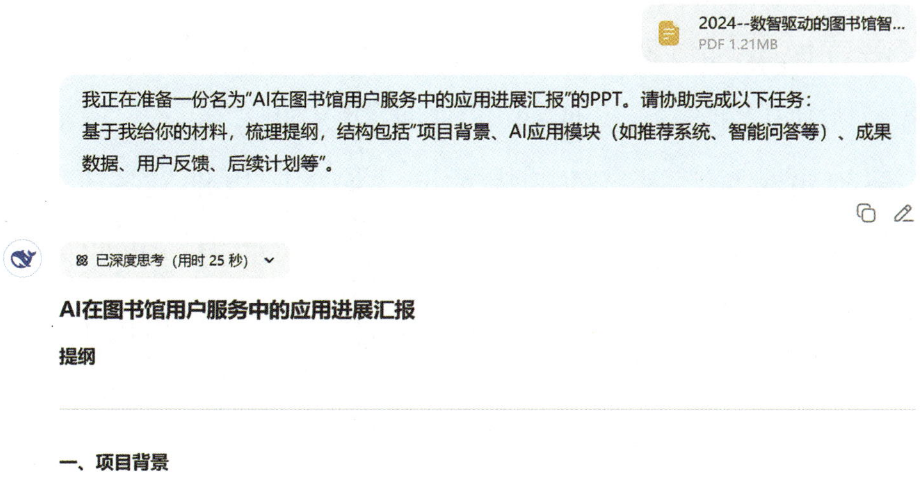

图 3-2-12　提示词工程技巧之"多工具协同"初始应用示例

第二步：将以上内容复制到思维导图工具(如 Xmind)中进行制作。

或将以上内容进行调整后导入 PPT 制作工具(如 Kimi、AiPPT 等)进行 PPT 制作(图 3-2-13)。

现在请将以上内容转化为一份PPT文案草稿：
◆每个一级分支生成一页内容，包括标题+简洁要点
◆建议每页搭配的图表类型或插图方向（如"流程图"、"对比图"、"关键词云"
●增加1页开场引导，1页结束页（包含总结或提问）

图 3-2-13　提示词工程技巧之"多工具协同"协同应用示例

五、结论

掌握提示词工程技巧，能够帮助高校师生更有效地与大语言模型进行协作，从而提升学习效率、拓展研究思路、优化教学方法。通过不断地实践和探索，您将能够构建出更精准、更有效的提示词，最大限度地发挥 LLMs 的潜力，为您的教育教学活动注入新的活力。我们鼓励您积极探索不同的提示方法，并根据自己的具体需求进行调整和创新。

参考文献

[1] OpenAI.Prompt Engineering Guide [EB/OL].(2023-12-15)[2025-03-22].https://platform.openai.com/docs/guides/prompt-engineering.

[2] 云中江树 AI. 提示词的道与术——国内首届提示词工程大会 PEC 纯享版[EB/OL].(2024-11-18)[2025-03-22].https://www.bilibili.com/video/BV1QiUWYjEWK/.

[3] 快刀青衣. 与 DeepSeek 沟通的十大最直白原则[EB/OL].(2025-02-11)[2025-03-22].https://mp.weixin.qq.com/s/cb2u_HWsVC8VJfqyDQ7V_Q.

[4] 宝玉. 提示工程最佳实践[EB/OL].(2023-12-11)[2025-03-22].https://baoyu.io/translations/prompt-engineering/prompt-engineering-best-practices.

数字人技术与教学应用指南

赵　新

一、引言

数字人（digital human/meta human）是运用数字技术创造的、与人类形象接近的数字化人物形象。数字人是智能科学与生命科学的融合产物，它利用信息科学的技术和方法，对人体不同水平的形态和功能进行虚拟仿真，在人体、物理、生理和智能多层次多阶段实现深度渗透。

数字人技术是人工智能技术的高级应用，通过模拟人类的外貌、语音和行为，为高校教育教学提供全新的互动体验，具有高度的真实性、灵活性和智能化等特点。数字人技术及其工具可以完美定制数字人形象，高还原度克隆声音，打造超写实数字人的数字孪生平台。

随着相关技术和工具的不断进步，数字人在影视传媒、品牌管理、文化旅游等领域应用不断加速，在教育教学领域的创新应用更是得到广泛关注，可以提供个性化和形象化的教育教学的支持和指导，还可以模拟特定教育教学场景并降低教学成本。

二、相关基础

（一）数字人分类

狭义的数字人是指提供所模仿的音频和视频的工具人。广义的数字人是指搭载了知识库型 AI 和其他智能体 API 的用户交互界面，不仅能够提供互动信息，更能够产生近似真人对话对谈的效果。

数字人按照模仿对象又可分为虚拟数字人和克隆数字人两类。虚拟指的是自定义一个卡通或者近似真人的形象与声音。克隆指的是以模仿真人音容笑貌为目的操作行为。前者相对更加简单容易，却有一定的距离感。后者需要额外采集音视频数据和后期制作，但更容易产生较好的亲近感。

数字人按照使用场景可分为录像数字人和互动数字人两种。前者通过指定文本生成对应音频或视频；后者通过联结拥有逻辑思考功能的 AI（例如 DeepSeek 等）和知识库型 AI 实现与教学内容高度相关的知识点回溯、操作答疑、脚本对答等教学目的。

数字人技术的发展日新月异，很多产品都是“一代拳王”，很难在第一梯队中保持持久的领先。数字人产品的价格由于软硬件技术的迭代和激烈的竞争，尤其是拍摄成本和制作成本的降低，呈现随时间逐渐降低的趋势。建议高校师生根据自身的需求，在需要的时候选择合适的产品。根据实际测试，目前视效最佳的为 HeyGen 和可灵，性价比较高的为剪映和闪剪，蝉镜和飞影可以嵌入到 Coze 的工作流中与其他 AI 插件实现批量操作的组合功能。

（二）数字人示例

如表 3–3–1 所示，国内的一些数字人产品及其开发公司、基本功能和用户体验相关信息如下。

表 3–3–1　国内数字人产品相关信息

产品	公司	基本功能	用户体验
希壤	百度	虚拟身份创建，社交互动，内容创作	沉浸式 3D 环境，但对设备要求较高
虚界	腾讯	角色定制，社交网络，虚拟活动参与	用户友好界面，流畅的多设备体验

续表

产品	公司	基本功能	用户体验
瑶台	网易	数字形象设计，虚拟空间构建，内容分享	精美视觉效果，注重艺术表现
抖音数字人	字节跳动	短视频创作，AI 主播生成，互动直播	简单易用，短视频平台深度整合
Soul 数字形象	Soul	社交匹配，虚拟形象交互，社区参与	年轻用户友好，注重情感连接
鸽子	阿里巴巴	商业数字人定制，营销互动，客户服务	商业应用导向，电商生态无缝对接
小冰	微软	AI 对话，内容创作，情感陪伴	成熟的对话系统，人格塑造较为自然
讯飞智作	科大讯飞	AI 语音合成，数字人生成，内容制作	专业功能强大，但学习门槛较高
通义千问	阿里巴巴	AI 会话，知识解答，创意辅助	企业级稳定性，专业领域表现优异
讯飞星火	科大讯飞	智能对话，文本生成，知识咨询	行业场景适配良好，专业领域能力突出

（三）教学模式

与其他 AI 相似，衡量数字人的教学模式，要根据教学目标来确定。为了避免“为使用 AI 而用 AI”，建议教师授课时首先思考的不是如何使用数字人，而是如何把课上好。例如，过去上课的某些环节中是否因为时间、精力和技术等原因，存在着难以实现的设想，而这些部分“恰巧”可以用数字人技术来给师生减负，同时提高教学效果。

表 3-3-2　教学相关的部分数字人软件

教学模式	教学环节	常见软件 / 平台
线上课程 / 说课	慕课，参赛，知识图谱素材	剪映 / 即梦
线上和线下互动	课后答疑与外语学习，角色扮演，提问与辩论，线上视频	豆包 /Coze 智能体

表 3–3–2 为一些相关的模式、教学环节和搭配的数字人 AI。具体的教学案例如下：

一是通过角色扮演实现翻转课堂。通过扮演学生和老师来活跃课堂气氛，作为学生的嘴替和老师的补充，比如扮演交叉学科的老师，或者现场与老师进行辩论。设置教学故事情节，而不是“事故”。

二是用不同人物的数字人形象增加教学沉浸感。比如“复活”费曼和李白，让数字人去解释被扮演的角色的心得体会。为学生提供情绪价值，达到如盐溶水的思政效果。

三是外语口语和听力辅助练习。通过收听数字人对谈和实时提问，实现有效的情景教学而不是刻意交流。目的不是学外语，而是用外语表达自身真实的观点和想法。因为用户知道 AI 不会对自己产生负面评价，所以更容易放下羞耻感和戒心，走出表达的第一步。

四是根据语音、语调、声纹信息等特征信息，判断使用者的心理状态。发现个性化学习的切入点，了解短期的学习预期，从而绘制出学习者画像，为个性化教学、学业预警和及时心理干预提供数据和判断依据，为教育教学管理提供有效实时的参考信息。

三、技术指南

（一）基本应用

目前为止，语音驱动的数字人要比文本生成的数字人在对口型的效果上更佳。无论哪种公司的产品，如果想实现逼真的克隆数字人效果，都需要找专业团队对克隆对象进行不同情况下的语音、形象、动作的捕捉和记录，才能满足例如长期授课和直播的效果。

对于高校师生，采用数字人录制 MOOC 或 SPOC 的话，结合课件内容的动态播放录制 10 分钟以内的微课是比较合适的。如果参加各类教学比赛，需要录制 10 分钟说课的教师，通常需要征得比赛主办方的认可，方可采用数字人录制相应的说课内容。这里需要注意的是，不是所有课程都需要采用克隆真人的数字人，出于教师对自身肖像权和隐私的考虑，用自主产权的 2D 和 3D 效果的虚拟人物也不失为较好的选择。

此外，为了实现不同 AI 数字人产品的优势互补和师生个性化要求，多个 AI 组合使用的方式逐渐成为业内主流。例如，采用豆包生成虚拟人物形象后，采用即梦结合文本信息将静态图文转化成动画或者视频。

数字人 AI 与其他 AI 结合使用也逐渐成为未来的发展趋势，例如在某些生成式人工智能工具中调用 HeyGen 的 API，即可根据聊天内容定制专属的数字人。Video Tutor 可以根据知识点关键词快速生成相关度较高的微课。

此外，数字人可以通过加载知识库型 AI 快速成为某门课程的专属 24 小时互动助教。诚然，目前数字人仍然存在反映延时较长的问题，可以通过选择合适的大语言模型和微调的方式尽量缩短延时的长度。

（二）安全提示

数字人技术涉及复杂的知识产权问题，其重要性不容忽视。在教育教学应用中，高校师生需要确保数字人形象的设计、语音数据的采集和使用等方面的合法性，避免侵犯他人的知识产权。正规软件在生成数字人之前都需要经得本人同意才能使用相关人员的声音、肖像和视频内容。数字人技术和工具的应用存在声音采集的情况，使用前需征得使用者的声音采集授权和手机 App 使用麦克风的权限。

四、应用案例

（一）短视频生成

无论是线上还是线下的课堂教学中，高校师生常常都需要短视频作为辅助教学的多媒体素材，而 AI 可以多快好省地完成这些素材的生成和剪辑。

以 DeepSeek 和剪映为例，制作《大学物理》中光的干涉的知识点短视频。

1. 脚本设计

选择形象，抠像，换背景，添加字幕，添加特效，导出。如果是克隆数字人的话需要在初始加入训练数字人的步骤。

具体操作如下：

第一，登录 DeepSeek 的官网（https://chat.deepseek.com）注册账号并说明短视频创作要求。如图 3-3-1 所示，相关的提示词为：你是一位大学物理老师，正在为大一的学生录制一段光的干涉现象的解释的短视频，请书写相关的短视频的脚本文件，短视频的时长为 3 分钟，内容要求：清楚描述干涉的原理，现象和相关试验。行文严谨，简练，增加一个形象的类比。

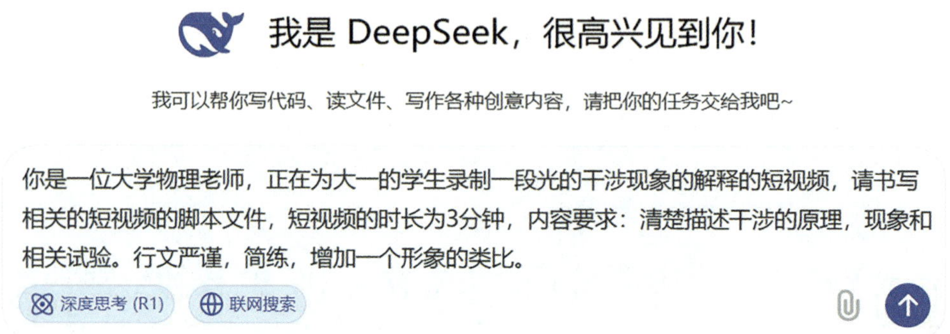

图 3-3-1　DeepSeek 与提示词

第二，如图 3-3-2 所示，复制 DeepSeek 输出的内容，进行文档的人工校对和润色。

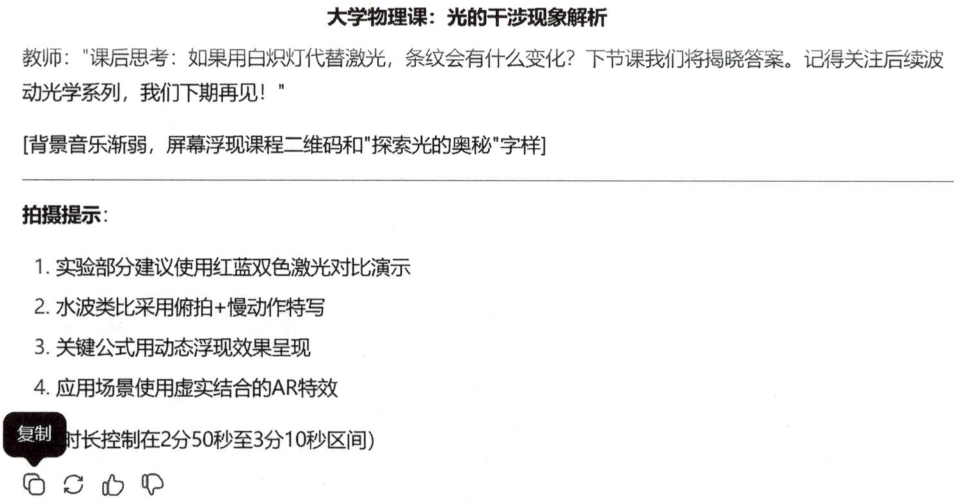

图 3-3-2　复制输出内容

第三，如图 3-3-3 所示，将校对内容发送给 DeepSeek

后将生成一个段落的逐字稿，对话提示词为：生成逐字稿，并把逐字稿整理成一个段落。

大学物理课：光的干涉现象解析

头表达。

教师台词整合段落

"同学们注意过肥皂泡表面的彩色条纹吗？这些绚丽图案的背后，正是我们今天要解密的光学魔术——干涉现象。要形成干涉，光必须满足三个条件：同频率、同振动方向、相位差恒定。这种特殊光源称为相干光源。当两列波相遇时，波峰叠加处光强加倍，波峰与波谷相遇处相互抵消——这就是明暗条纹的诞生密码。明纹条件可表示为$\Delta=2k\lambda/2$，暗纹条件为$\Delta=(2k+1)\lambda/2$，其中Δ是光程差，λ是波长，k为整数。接下来我们看看历史上著名的杨氏双缝实验：1801年托马斯·杨设计的装置中，单色光通过滤光片后，经单缝形成线光源，再由相距0.1毫米的双缝分为两束相干光。当它们在屏幕上相遇时，会形成明暗相间的等距条纹。条纹间距$\Delta y=\lambda L/d$，L是缝屏距，d是缝间距。这个公式揭示了红光条纹比蓝光更宽的奥秘——因为红光的波长更长。为了更形象地理解这一现象，我们可以想象两个同步滴落的水滴：当两组波纹相遇时，波峰叠加会形成更高的浪花（类比明纹），而波峰与波谷相遇则让水面恢复平静（类比暗纹）。光波虽不可见，但干涉原理与水波完全相通！干涉不仅是实验室现象，更是精密测量的基石：从检测镜面平整度、制作防反射镀膜，到引力波探测，都依赖这一原理。下次见到光盘表面的虹彩，你会知道那是光的精密舞蹈。最后留一个课后思考：如果用白炽灯代替激光，条纹会有什么变化？下节课我们将揭晓答案。记得关注后续波动光学系列，我们下期再见！"

图 3-3-3　DeepSeek 生成的逐字稿

第四，如图 3-3-4 所示，登录剪映官网（https://www.capcut.cn）注册账号和下载相关软件。

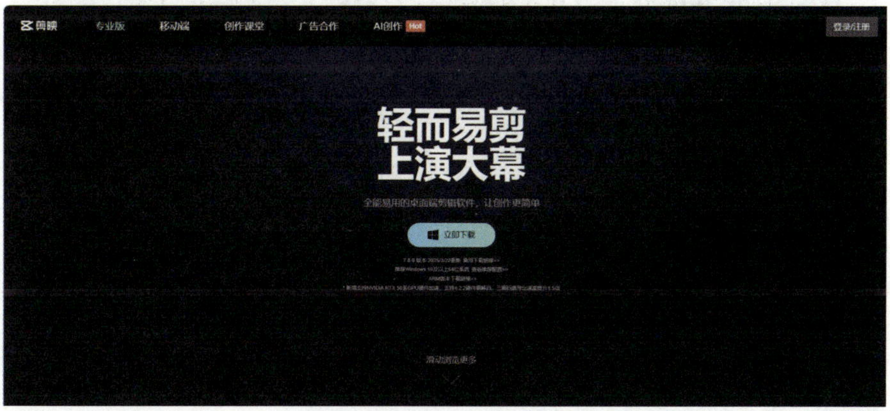

图 3-3-4　剪映官网首页

第五，出于稳定性考虑，建议安装电脑版并登录进入主页界面(如图3-3-5所示)，点击白框内的“开始创作”。

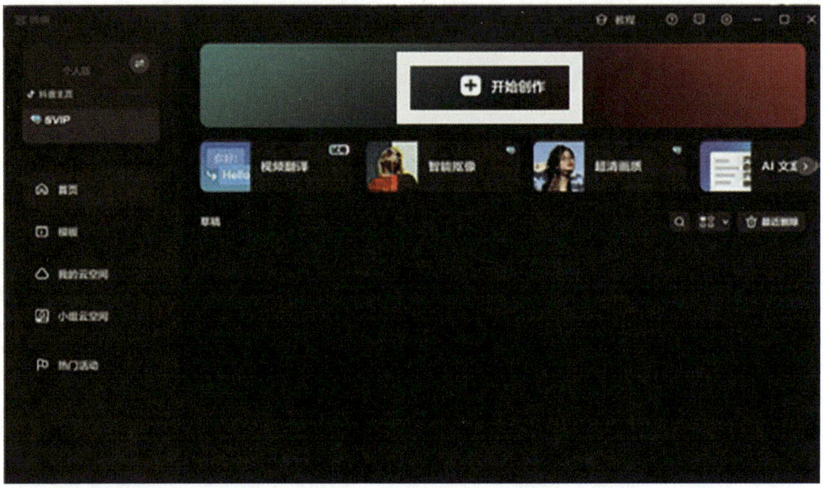

图 3-3-5　剪映电脑版主页

第六，点击图 3-3-6 中白框中的数字人按钮，在弹出窗口的上端选择具体的数字人。

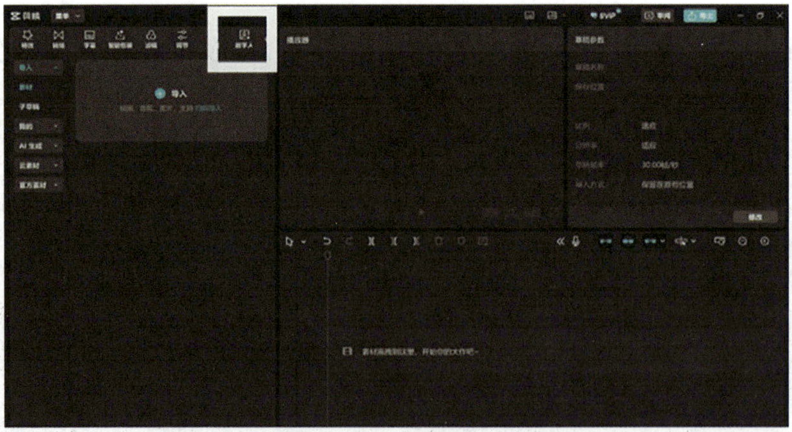

图 3-3-6　剪映电脑版创作页面

第七，如图 3–3–7 中白框所示，在形象栏目的“知识”类型等设定中选择合适的数字人。图中选择的是“婉婉—学姐”。

图 3–3–7　数字人物形象的选择

第八，如图 3–3–8 中的绿色框所示，根据所需选好景别，这里选择“远景”。

图 3–3–8　数字人物的景别

第九，如图 3–3–9 中绿色框所示，选择合适的背景图片，这里选择不需要背景图，点击下一步（下方绿色按键处）。

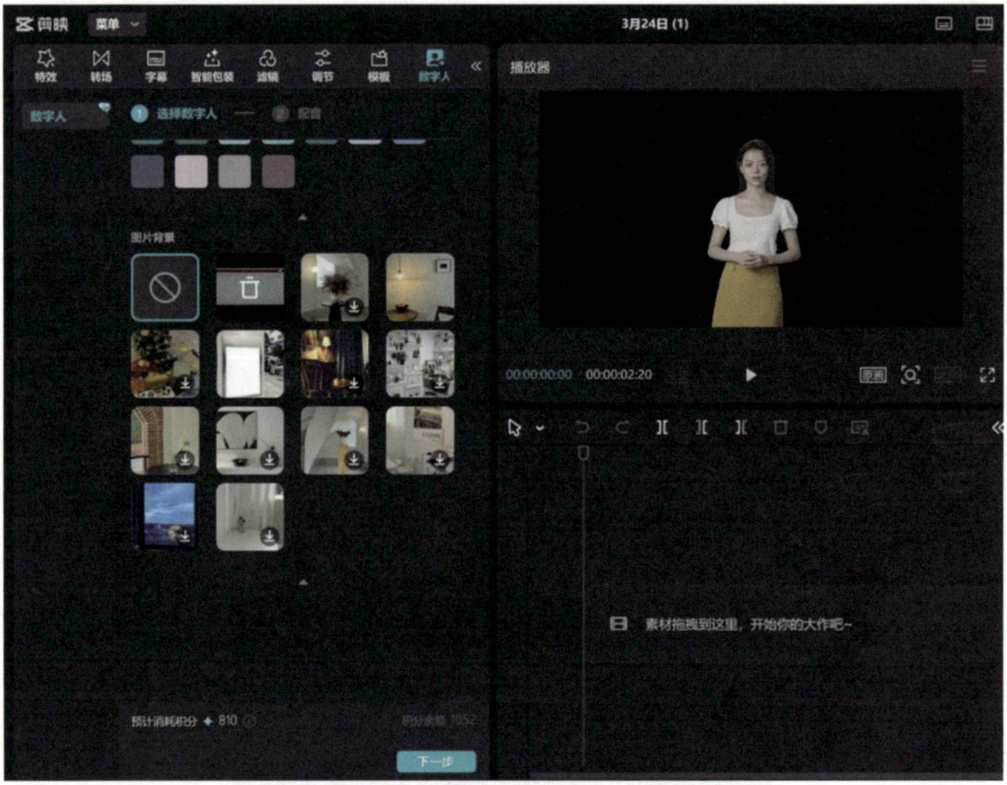

图 3–3–9　数字人物的背景

第十，如图 3–3–10 所示，输入 DeepSeek 生成的文案（白色框）并选择合适的音色，点击右下角的“生成”。

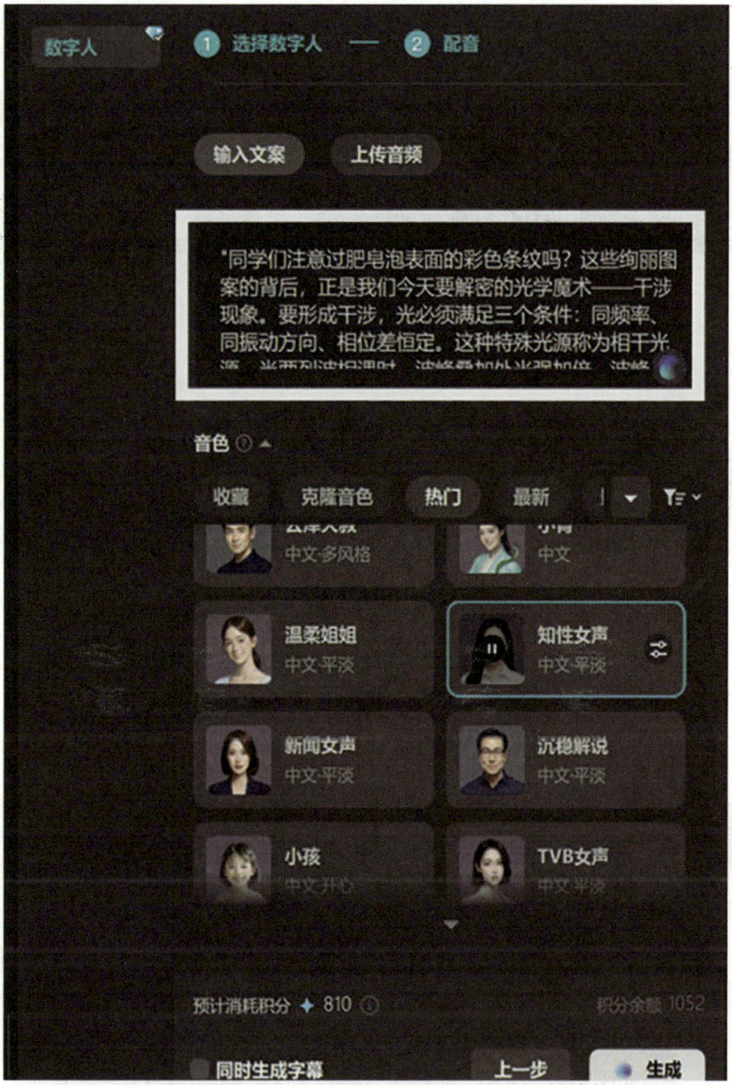

图 3-3-10　文案输入和音色选择

第十一，等 10 秒左右（如图 3-3-11 所示），在弹出的窗口中选择“确认合成”。建议通过点击上一步反复确认数字人无误后再点击此处，否则会浪费积分。

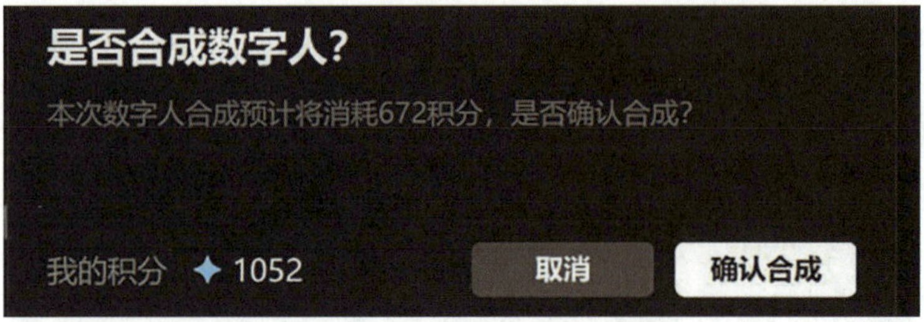

图 3-3-11　数字人合成确认页

第十二，如图 3-3-12 所示，系统会显示“渲染中”，大概需要等待 1 分钟，渲染结束后点击播放按键进行效果确认（白色框）。

图 3-3-12　数字人音视频的效果确认

第十三，如图 3–3–13 所示，在右侧的“基础”选项中的“背景填充”中选择白色为背景色（绿色框）。

如果需要对数字人的“形象”“文案”和“音色”等进行再次调整，可以在右上方的选项中进行更改。操作过程同上。

图 3–3–13　数字人背景色添加

第十四，如果需要调整数字人视频的播放速度，如图 3–3–14 所示，可以选择“变速”，并在“倍数”中实现提速或降速的设置，这里将速度提高至 1.1 倍。确定播放效果符合预期后，选择导出（绿色键）。

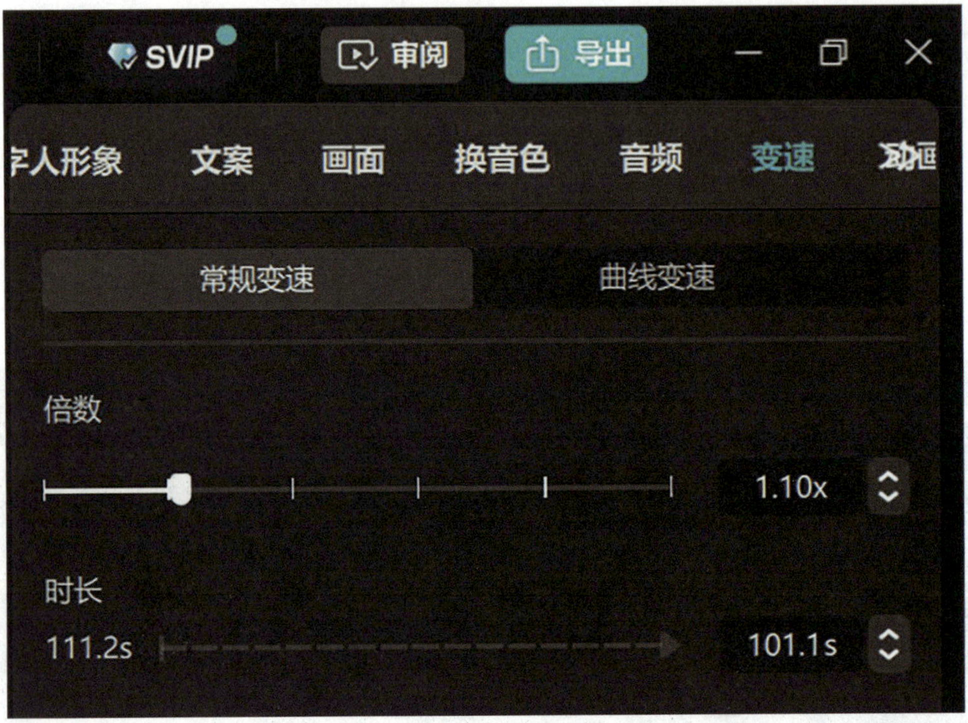

图 3-3-14　播放速度的调整

第十五，如图 3-3-15 所示，在导出设置中，选中导出文件所在的位置（例如桌面上的一个新建文件夹），如果是长视频，建议先将分辨率设为较低的 480P 快速导出，播放并确认效果无误后，再选择 1080P（教学比赛常规视频要求）重新导出。

图 3–3–15　导出视频的导出路径和分辨率

第十六，这里需要注意的是，如果生成的视频不想公开的话，如图 3 3 16 所示，一定要点击“关闭”（红色框）。否则创作内容会发布到公共平台上。

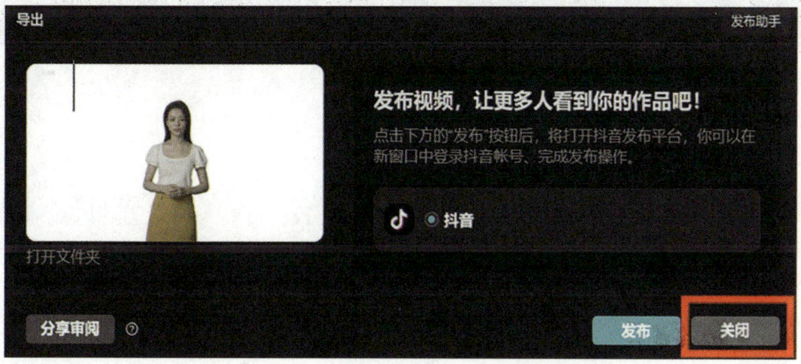

图 3–3–16　导出视频后关闭软件

2. 修改背景

第一，关闭剪映这个软件，并重新打开。剪映修改背景没有一键即可完成的功能键，需要不同视频、图片和特效叠加起来才能间接得到更换背景的效果。如图 3–3–17 所示，重新启动电脑版的剪影，点击“开始创作”。

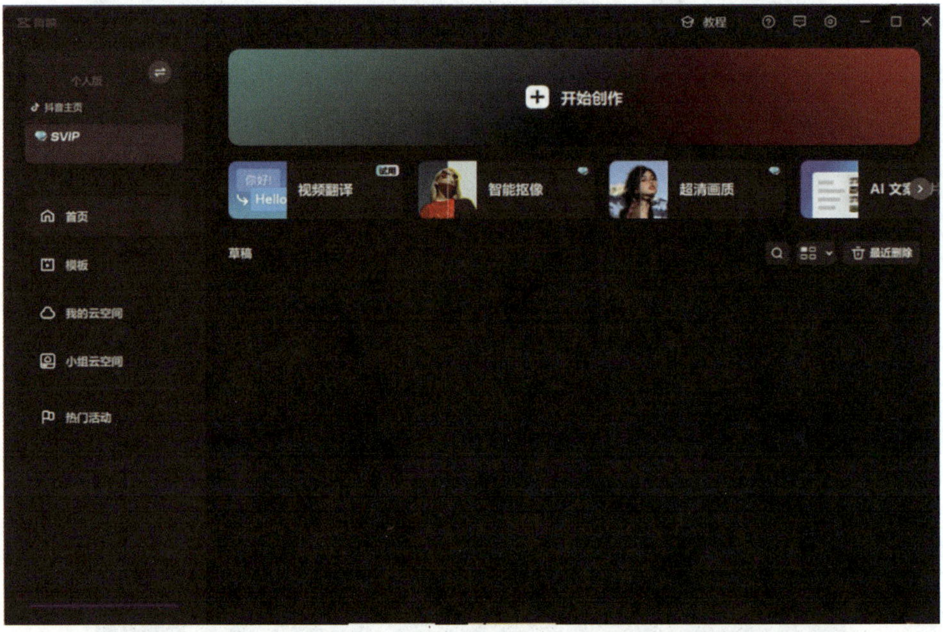

图 3–3–17　修改背景对应的首页

第二，如图 3–3–18 所示，点击导入，选中本地文件中刚刚生成的数字人视频。

图 3-3-18 数字人的选择

第三，如图 3-3-19 所示，点击导入，选中本地文件中刚刚生成的数字人视频，选择文件右侧的“+”号，将视频添加到时间轴中（右下角）。

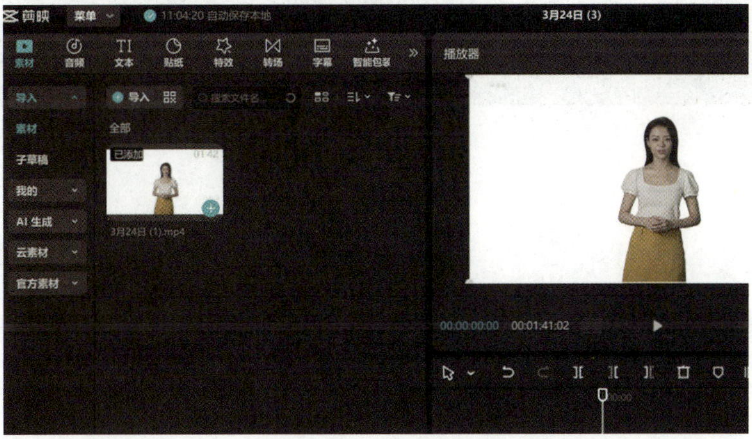

图 3-3-19 视频添加

第四，如图 3-3-20 所示，在右上角选中抠像（白色框），下方会显示处理的进度，例如处理中 10%。处理结束后导出视频文件。

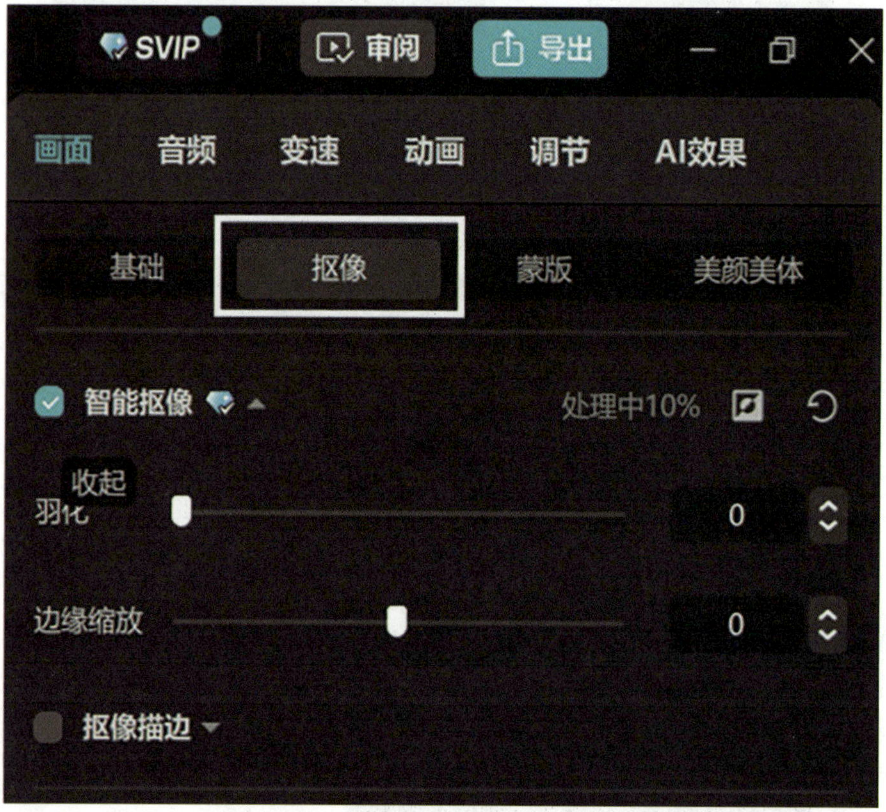

图 3-3-20　抠像功能的选择

第五，如图 3-3-21 所示，在左上角的导入中选择本地准备好的背景图片。此图片需要创作者根据需要咨询创造，建议用教学课件 PPT 中某一页的浅色 jpg 文件作为背景，并将图片添加到时间轴中。

图 3-3-21　背景图片的选择

第六，如图 3-3-22 所示，注意在时间轴中是视频在上图片在下，两个文件时长度要一致。

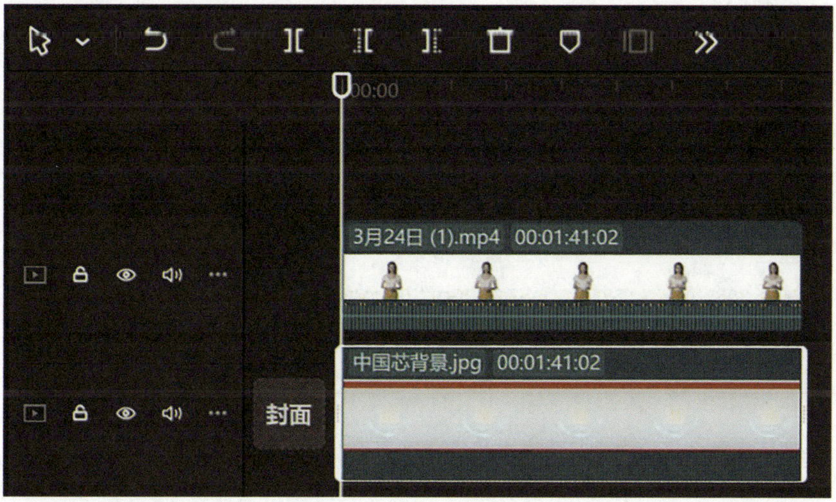

图 3-3-22　视频和图片上下位置关系

第七，如图 3–3–23 所示，点击视频下方的播放按钮（白色框），确定播放的效果。确定无误后点击右上角的“导出”（白色框里的绿色按钮）。

图 3–3–23　背景效果的确认

第八，添加字幕：如图 3–3–24 所示，在左上角点击“字幕”，点击左列中的“识别字幕”，源语言选择“中文”，下方选中“智能划重点”，左下端选中“开始识别”。

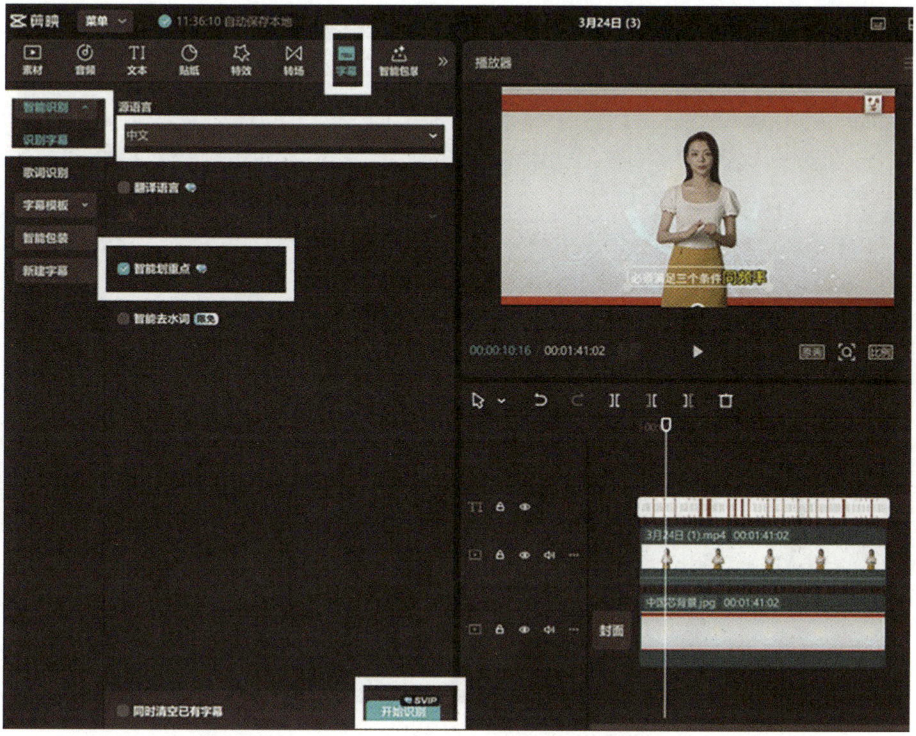

图 3-3-24　字幕添加

3. 添加特效照片

第一，如图 3-3-25 所示，点击“导入”，加入准备好的本地存放的素材照片，在素材照片右下角点击“+”号，将素材添加到时间轴（轨道）上。

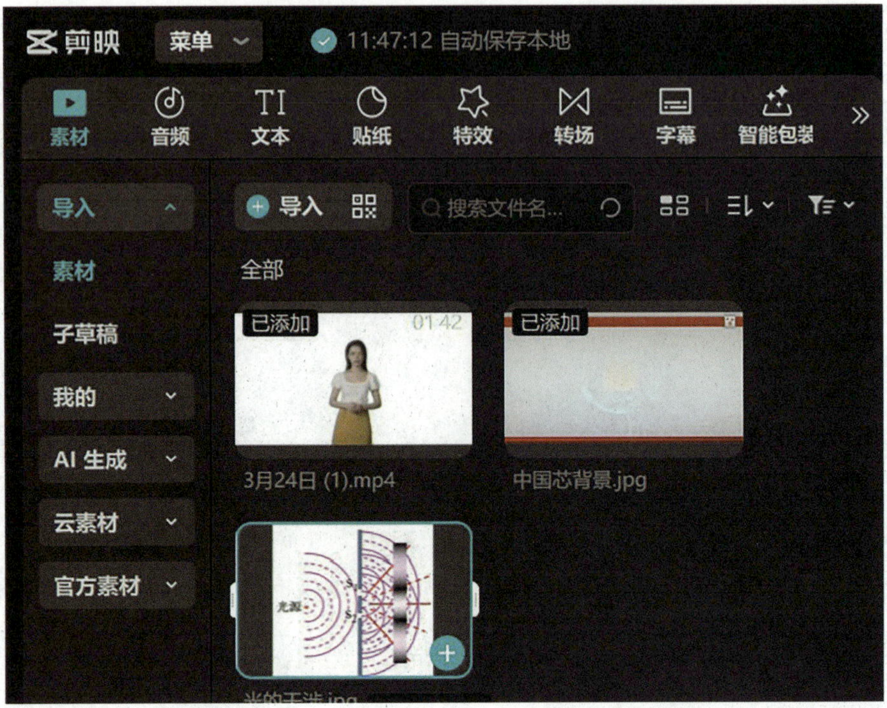

图 3-3-25　照片特效的素材添加

第二，如图 3-3-26 所示，将添加的照片素材（下方白色框）拉到时间轴的最上端，通过拖拽和摆放位置匹配上照片素材对应的显示时段，在视频中调整好对应照片的位置和大小。重复以上方式，直至将所有素材添加完。

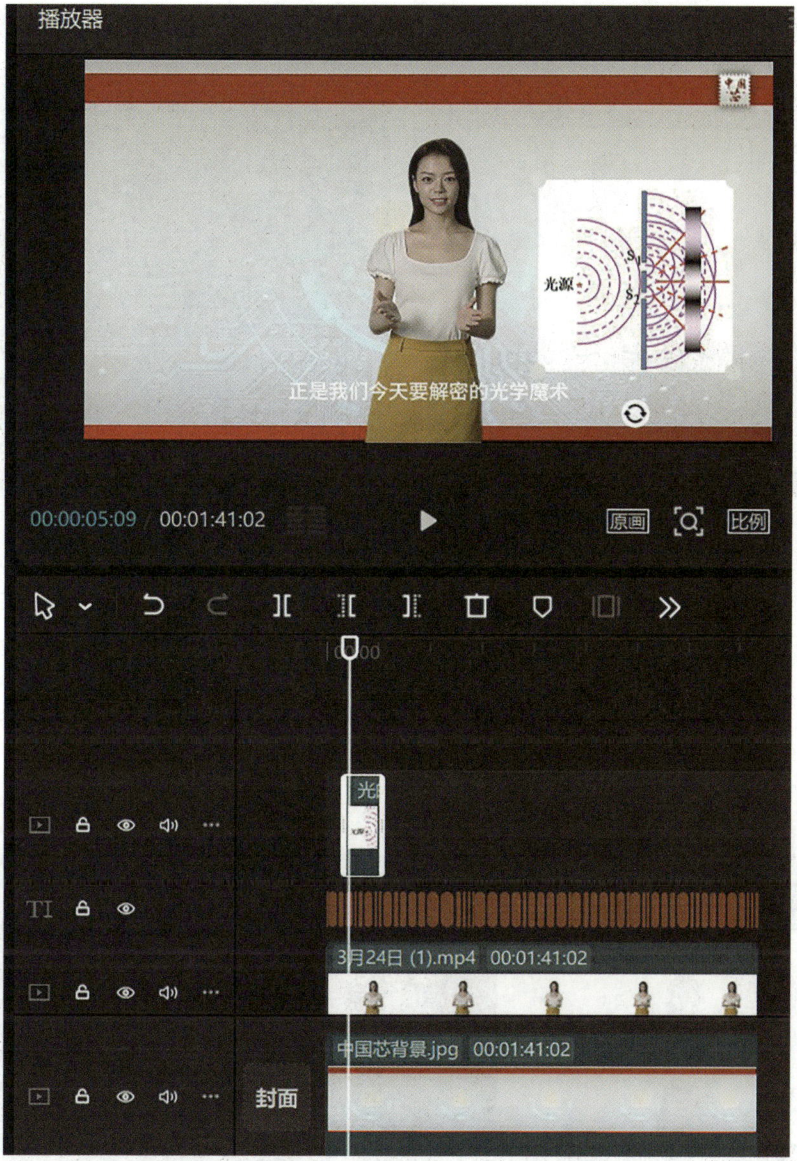

图 3-3-26　照片特效的素材的位置调整

第三，如图 3-3-27 所示，点击右上角的绿色按键，导出制作好的视频。

图 3-3-27　视频的导出

第四，这里需注意的是，如图 3-3-28 所示，如果生成的视频不想公开的话，一定要点击“关闭”（红色框）。否则创作内容会发布到公共平台上。

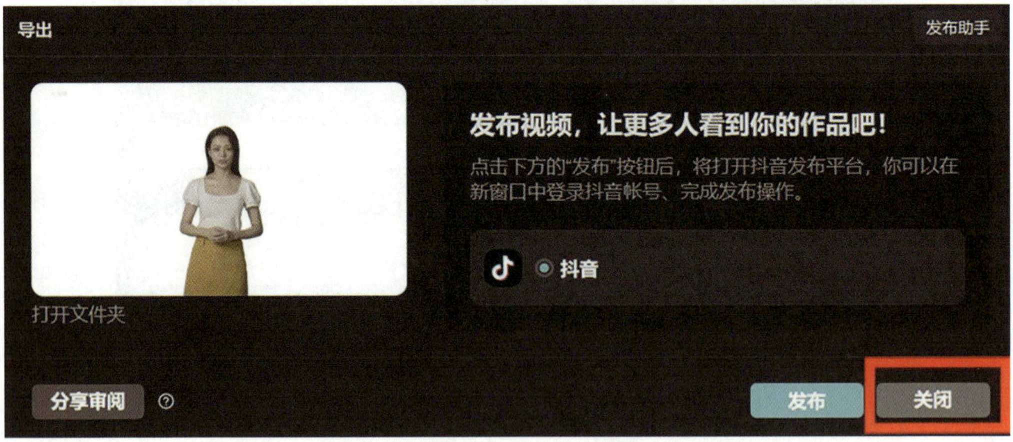

图 3-3-28　视频是否发布到公共平台的确认

（二）克隆人生成

1. 制作素材

制作克隆人的素材，推荐用 2~3 分钟的视频来生成。

为方便更改背景，建议采用绿幕作为拍摄背景。

第一，拍摄前提前准备好适合的服装，拍摄视频时长 2~3 分钟即可，按照预期的状态和语气进行录像。

第二，说的内容是什么不重要，可以直接说数字（12345……），重点是表达清晰，语气流畅，每说完一句话都要把嘴巴闭合。

第三，手势要自然，顺畅，通用。不要使用特殊的手势（如剪刀手，引号手势等）。手不要超过头部，上身要保持直立不动。如果预判数字人右手边将来生成类似 PPT 的课件特效，录制时可多采用右手的展示手势。

第四，语音克隆可以后期再录制，也可以同时加麦录制。

第五，建议找专业团队拍摄，效率较高。

第六，可以按照不同的状态和服装拍摄不同形象和状态的克隆人，比如讲课，汇报和讲故事多种状态。数字人的输出语气和状态取决于输入样本的语气和状态。

第七，提前想好将来要用来替换绿幕的背景，背景要结合肤色、衣服和表达内容选择。如果皮肤较深，要考虑脸上涂粉和补光。

第八，戴眼镜的克隆人要考虑到镜片的反光，可以通过改变补光角度、带无镜眼镜框或摘掉眼镜来拍摄。

2. 数字人生成

可用软件有：剪映（电脑端，功能齐全，操作繁琐），可灵（月费价格较高），开拍（手机端，操作简单，效果一般）。不建议采用来路不明的所谓本地布局的数字人。

以下以剪映为例，展示克隆人的生成步骤：

第一，如图 3-3-29 所示，点击数字人（绿色字），在形象中选择定制形象（白色框）。

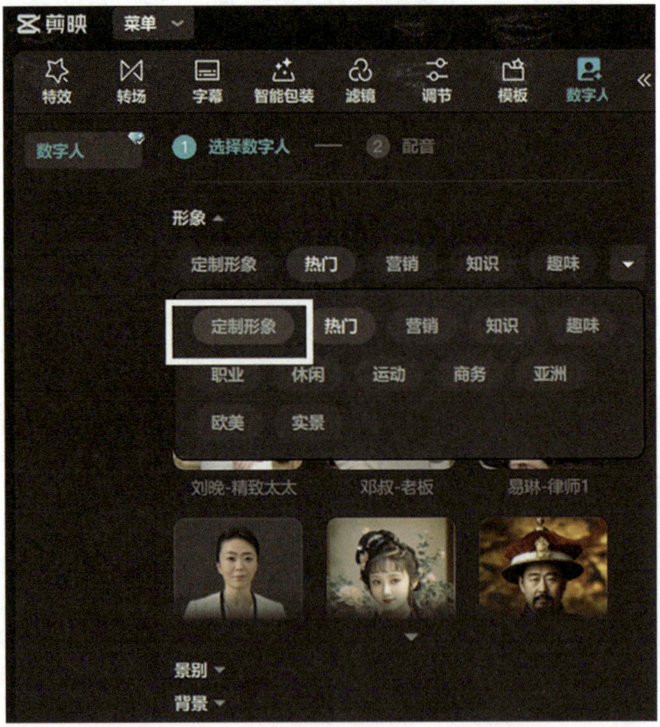

图 3-3-29　克隆数字人的“定制形象”

第二，如图 3–3–30 所示，选择形象定制。

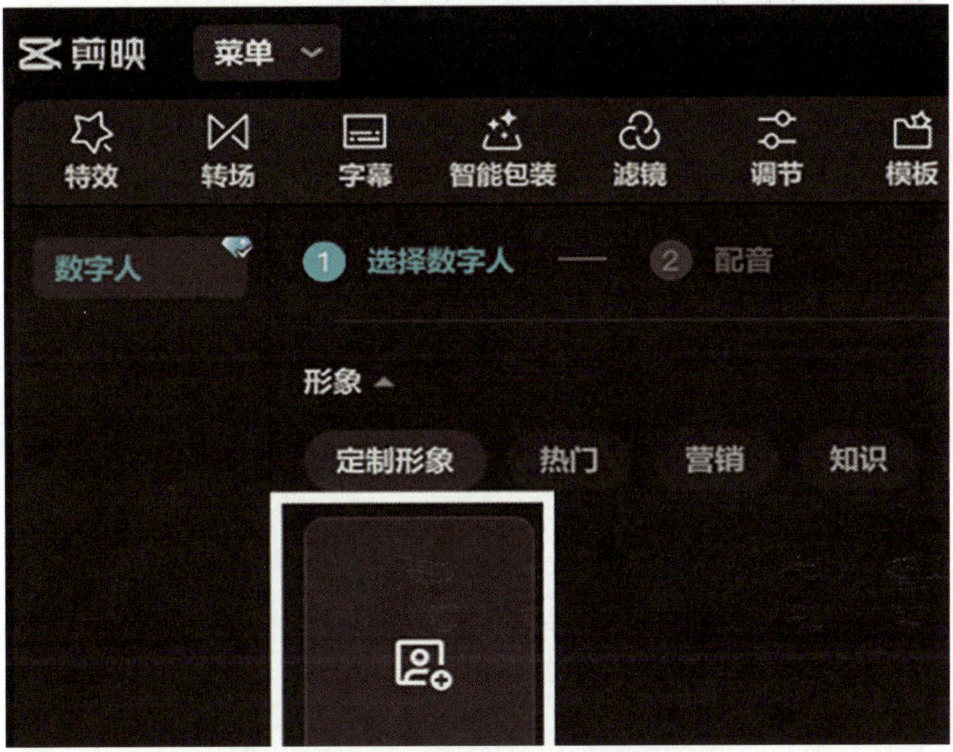

图 3–3–30 克隆数字人的“形象定制”

第三，上传提前准备好的训练视频，如图 3–3–31 所示，选择克隆视频形象。这部分内容时长建议 20 秒，来自于之前的提到的 2~3 分钟拍摄内容的片段。

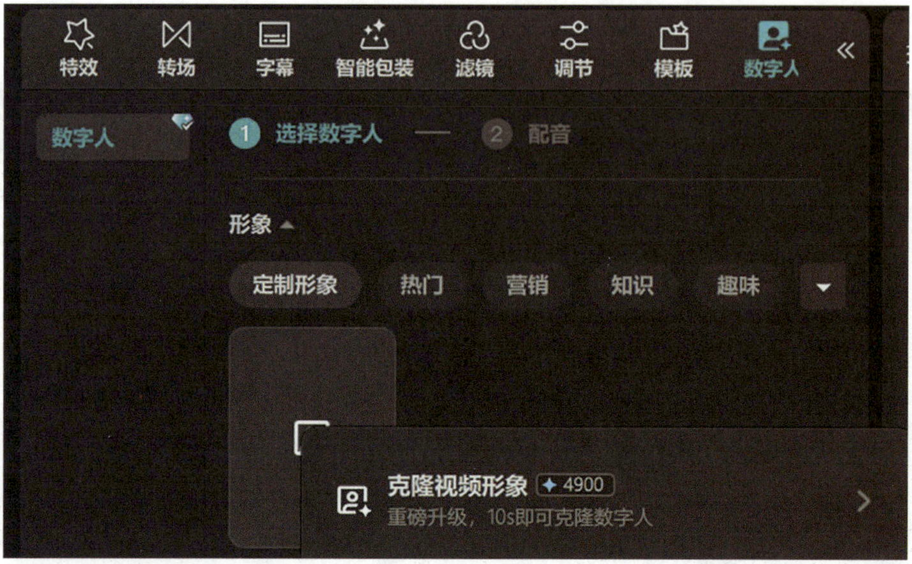

图 3-3-31　克隆视频形象

第四，等待一段时间后，如图 3-3-32 所示，即可生成相关的数字人的“我的形象”。

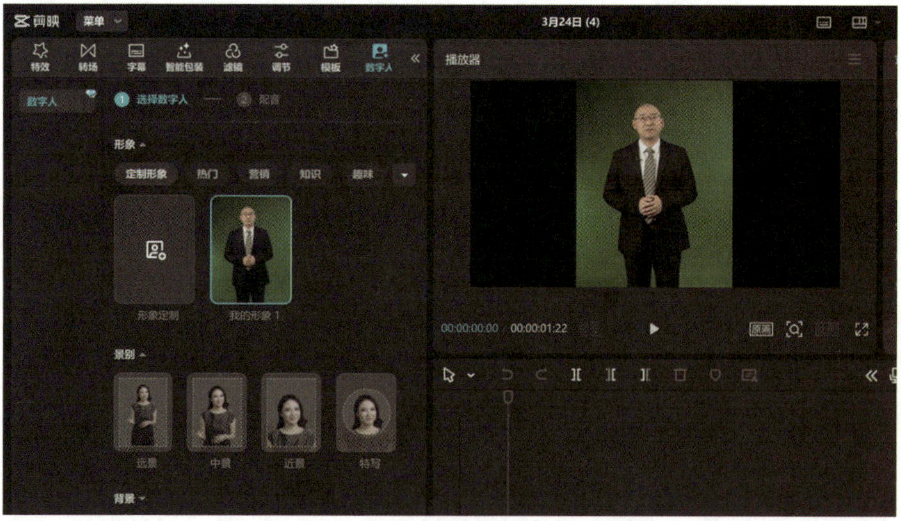

图 3-3-32　克隆形象的生成

下次使用克隆的数字人时即可像选择常规形象一样，在定制形象中选择克隆数字人的形象。

（三）基于 Coze 工作流的数字人生成

1. 工具简介

Coze 是一款 AI 应用开发平台，支持用户通过可视化工作流快速构建智能应用。在 AI 数字人生成场景中，Coze 用于搭建自动化流程，可以整合数字人生成、音频处理、变量控制等模块，简化操作步骤。

飞影数字人是专业数字人生成平台（网址：https://hifly.cc），提供声音克隆、视频合成等功能，可搭配 Coze 完成全流程自动化操作。

2. 工具准备

Coze 平台：注册并登录，创建新项目。

飞影数字人账号：注册官网账号。

3. 操作流程步骤详解

第一，搭建主体工作流。

在 Coze 平台中，新建一个空白工作流。

拖拽以下模块至画布，按顺序连接。

“开始”模块：初始化流程。

“飞影数字人”模块：用于生成数字人视频。

“循环”模块：检查视频生成状态。

“输出”模块：获取最终视频 URL。

“错误处理”模块（可选）：配置异常提示。

主体工作流结构示意图如图 3-3-33 所示。

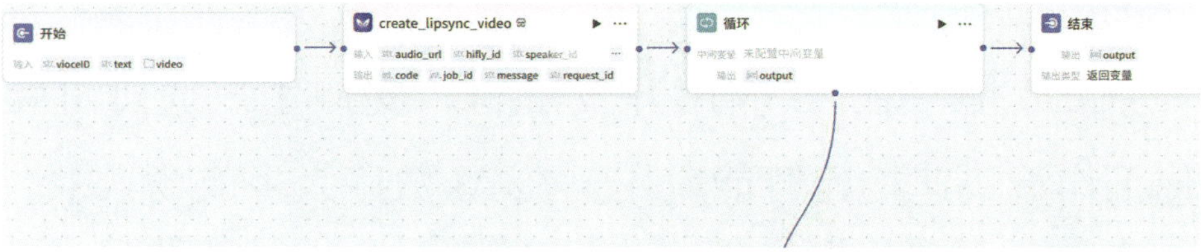

图 3-3-33　主体工作流

第二，配置变量与参数。

创建变量：

在“开始”模块中，定义以下变量。

voiceID（类型：文本）：存储声纹 ID（speaker_id）。

text（类型：文本）：存储需生成的视频台词。

video（类型：Video）：上传示例视频文件（支持 MP3/MP4）。

填写飞影数字人参数。

audio_url：音频文件地址(若仅生成音频，可上传文件)。

hifly_id：飞影 VIP 账号 ID（非必填，无则留空）。

speaker_id：必填项，绑定变量 voiceID。

text：必填项，绑定变量 text。

video_url：绑定变量 video，作为视频合成的主素材。

变量配置界面如图 3–3–34 所示。

图 3–3–34　变量配置界面

第三，获取声纹 ID（声音克隆）。

登录飞影数字人官网，进入“声音克隆”功能页。

点击“开始录音”，按提示录制 5~10 秒清晰人声。

录音完成后，进入“我的声音”列表，找到克隆的声音，点击右侧“...”按钮，选择“复制声音 ID”。

将复制的 ID 粘贴至 Coze 的 voiceID 变量中。

声音克隆操作界面如图 3–3–35 所示。

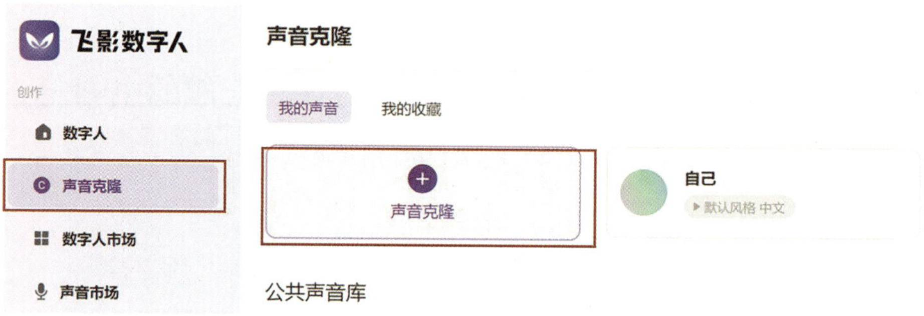

图 3-3-35　声音克隆操作界面

第四，搭建循环结构（状态轮询）。

在 Coze 工作流中添加以下逻辑模块。

“循环”模块：设置轮询间隔（例如每 10 秒检测一次）。

“选择器”模块：配置条件判断如果 URL 不为空。

“代码”模块：编写 Python 脚本，用于解析视频生成状态（需选择 Python 语言环境）。

“输出”模块：绑定最终视频 URL 地址。

代码示例（Python）：

```
python
def main(input_data):
    if input_data［“status”］== "success":
        return {"video_url": input_data［"url"］}
    else:
        raise Exception
```

循环结构配置如图 3-3-36 所示。

具体操作：

（1）在添加节点中找到“循环”“选择器”“代码”三个逻辑框，并如图搭建。

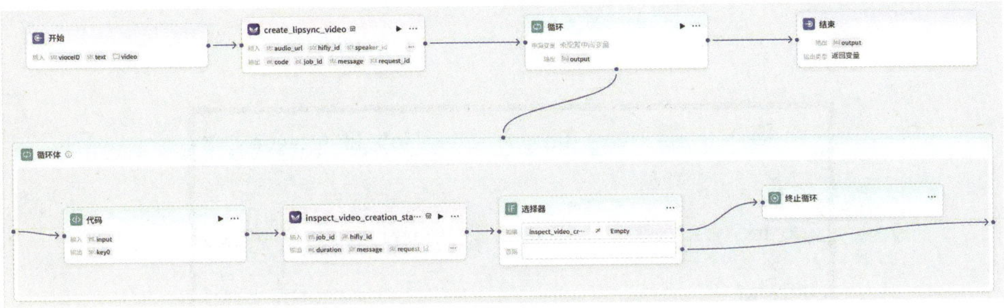

图 3-3-36　循环结构配置图

（2）向“代码”中添加如图 3-3-37 的代码（记得选择 Python 语言）。

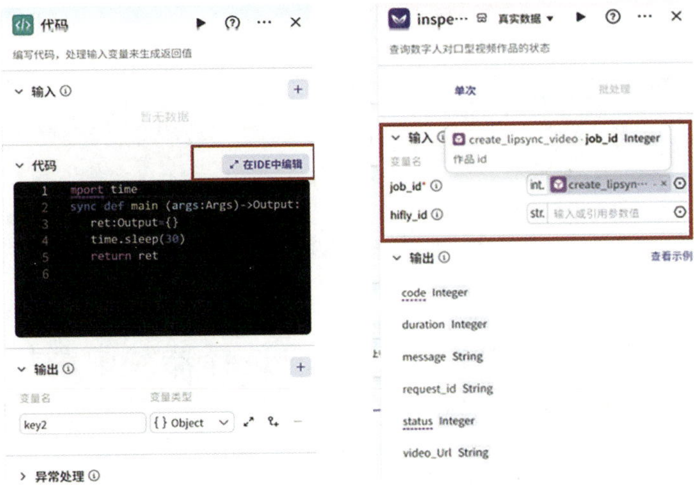

图 3-3-37　代码语句

（3）图 3–3–38 为查询视频状态的逻辑框输入和输出配置。

图 3–3–38　输入和输出配置

（4）如图 3–3–39 所示，在“选择器”中添加“如果 URL 不为空”，即“≠”符号。

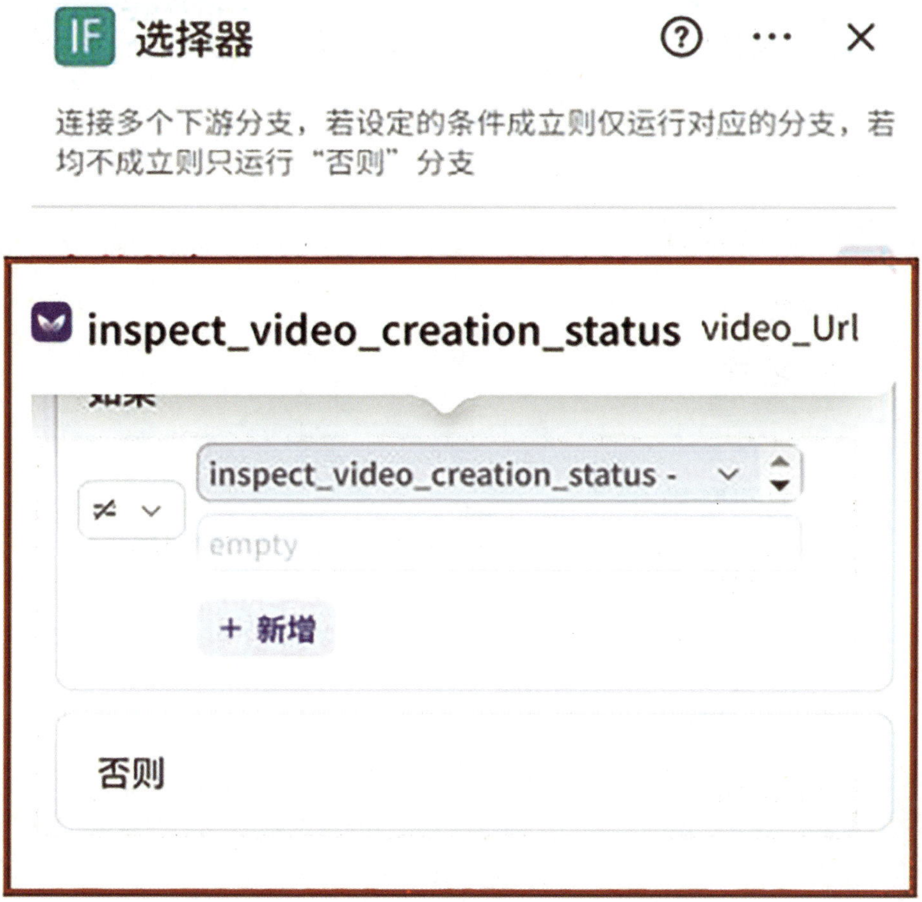

图 3-3-39　选择器中的 URL 配置

（5）如图 3-3-40 所示，在“循环”中添加输出为视频 URL 地址。

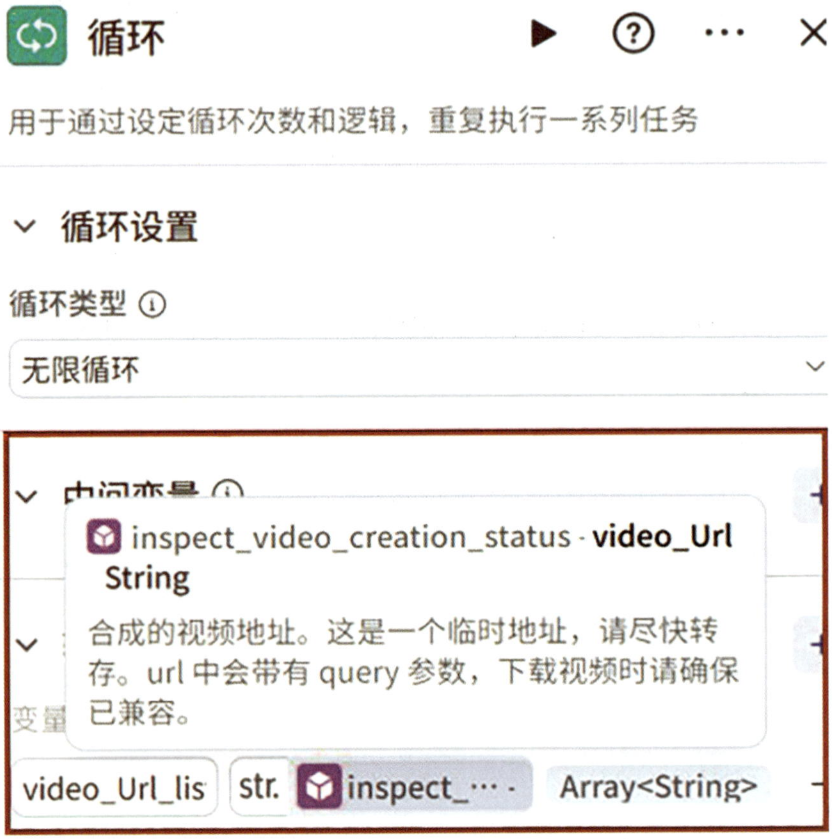

图 3-3-40　循环中的 URL 输出添加

第五，试运行与输出。

点击 Coze 工作流下方绿色的“试运行”按钮。

输入以下测试数据。

text：输入示例台词（如“欢迎使用 AI 数字人服务”）。

video：上传示例视频文件。

voiceID：粘贴已复制的声纹 ID。

运行完成后，工作流将输出一个视频 URL。

如图 3–3–41 所示，复制 URL 至浏览器并按回车键，视频将自动下载至本地文件夹。

图 3–3–41　复制 URL 至浏览器

参考文献

[1] T. Prasongpongchai et al., "Effects of Proactive Interaction and Instructor Choice in AI-Generated Virtual Instructors for Financial Education," in 2024 IEEE Frontiers in Education Conference (FIE), Washington, DC, USA: IEEE, 2024, pp. 1-9.

[2] T. Prasongpongchai et al., "Interactive AI-Generated Virtual Instructors Enhance Learning Motivation and Engagement in Financial Education," in Artificial Intelligence in Education: Posters and Late Breaking Results, Workshops and Tutorials, Industry and Innovation Tracks, Practitioners, Doctoral Consortium and Blue Sky (CCIS vol. 2151), Cham, Switzerland: Springer, 2024.

[3] F. Nurhasanah et al., "A Design of Virtual Classrooms Through AI, ML and DL to Improve the Level of Learning," in 2024 4th International Conference on Advance Computing and Innovative Technologies in Engineering (ICACITE), Greater Noida, India: IEEE, 2024, pp. 940-945.

[4] Ajit Pal Singh, Rahul Saxena, and Suyash Saxena, "The Future of Learning: AI-Driven Personalized Education," in Asian Journal of Current Research, vol. 9, no. 4, pp. 207-226, 2024.

[5] Lyu Yin, Kim Ki-hong and Wang Kaixing, "Design Research on AI-Driven Virtual Teachers," in International Journal of Internet, Broadcasting and Communication, vol. 17, no. 1, pp. 94-103, 2025.

编后记

随着新一代人工智能技术的快速发展及其应用领域的不断扩展，人工智能正在全面渗透社会各方面和各行业，全面重塑个人和群体的思维模式，全面重构社会生产生活方式和结构，社会对相关人才的需求持续增长，一流本科建设必须超前识变、积极应变、主动求变。

本书全面反映四川大学基于IDEAL理念推进“1+*N*+*X*”智慧教育服务大平台，助力师生探索教学范式和学习方式改革以及优化教育教学管理服务的最新探索和实践，主要包括：①四川大学人工智能深度赋能一流本科的发展概况；②四川大学人工智能深度赋能一流本科的最新文件，如《四川大学人工智能深度赋能一流本科建设行动计划》《四川大学人工智能素养教育嵌入本科教育教学行动指南（试行）》《四川大学本科教育教学人工智能工具应用规范（试行）》；③四川大学推进人工智能素养教育的最新成果，如《人工智能工具应用导引》《人工智能工具提示词工程实用指南》《数字人技术与教学应用指南》等，在积极推进 AI 深度应用的同时，精准推荐符合本科教育教学需要的AI工具，全面规范AI工具在本科教育教学的科学使用，帮助师生有效提升AI工具的应用效率和效果，积极探索建立人工智能赋能教育教学质量标准。本书是国内第一本人工智能赋能人才培养高质量发展指南，不仅可以为高校教育管理者响应国家战略需求、引领教育数字化转型、推动新质人才培养提供最新的样板范例；而且可以为高校师生和其他使用者提高人工智能素养、熟练运用人工智能工具提供最佳的实用教程。

本书由四川大学教务处组织编写，四川大学教务处处长、公共管理学院党跃武教授主编并负责全书统稿工作。本书的编写得到四川大学副校长游劲松教授的大力支持。除主编和副主编外，参与本书编写工作的还有四川大学教务处冉桂琼、刘黎、吴迪、杨晓敏、赵行、邓屹立、贾舜宸、谭杰丹、何晓清、林祎、王哲，四川大学图书馆张盛强、王圣洁、周琴，四川大学信息化建设与管理办公室黎生，四川大学物理学院赵新，四川大学化学工程学院周加贝，四川大学计算机学院赵启军，四川大学公共管理学院袁莉、杨峰等，在此一并致以谢意。

编者

2025年5月